NORBERT ZIMMERMANN

DIE VERGESSENEN PASSAGIERE DER TITANIC- FÜR IMMER DRITTE KLASSE

FSC
www.fsc.org
MIX
Papier aus ver-
antwortungsvollen
Quellen
Paper from
responsible sources
FSC® C105338

„Auf der TITANIC hatte sogar ein Hund höhere Überlebenschancen als ein Passagier der dritten Klasse!"

Bibliografische Information der Deutschen Nationalbibliothek

Die Deutsche Nationalbibliothek verzeichnet diese Publikation in der Deutschen Nationalbibliografie; detaillierte bibliografische Daten sind im Internet über http://dnb.d-nb.de abrufbar.

ISBN: 978-3-8192-6314-9

Coverbild: David Oliveira

Verlag:

BoD · Books on Demand GmbH, Überseering 33,

22297 Hamburg, bod@bod.de

Druck:

Libri Plureos GmbH, Friedensallee 273,

22763 Hamburg

INHALTSVERZEICHNIS

Norbert Zimmermann, Jahrgang 1970, beschäftigt sich seit fast vierzig Jahren intensiv mit der Geschichte der TITANIC. Durch seine langjährige Forschung und seine umfassenden Kenntnisse gilt er heute als einer der führenden deutschen Experten auf diesem Gebiet.

Sein Wissen und seine Begeisterung für das Thema teilt er regelmäßig als Gastredner bei internationalen TITANIC-Kongressen. Auch bei künstlerischen Projekten rund um das berühmte Schiff wird er geschätzt: So wirkt er als historischer Berater des TITANIC-Musicals am Theater Osnabrück mit. Darüber hinaus koordiniert er die Aktivitäten der British Titanic Society (BTS) in Europa.

EINLEITUNG

Der tragische Untergang der RMS TITANIC auf ihrer ersten Fahrt von Southampton nach New York hat bis heute nichts an seiner Anziehungskraft verloren. Die Schicksale der Passagiere dieses berühmten Luxusliners, die durch die Tragödie so früh ihr Leben verloren, bewegen uns nach wie vor. Doch auch über ein Jahrhundert nach der Katastrophe wissen wir oft mehr über die prominenten Passagiere der Ersten Klasse – bekannte Namen wie John Jacob Astor, das Ehepaar Straus oder Benjamin Guggenheim – als über die vielen Passagiere der Dritten Klasse, die sogenannten „Zwischendeck"-Passagiere.

Damals richtete sich das Interesse der Öffentlichkeit auf die reichen und berühmten Persönlichkeiten an Bord. Diese prominenten Figuren standen im Rampenlicht, während die Schicksale der weniger wohlhabenden, meist namenlosen Passagiere aus der Dritten Klasse oft unbeachtet blieben. Das zeigt sich auch daran, dass in den beiden Untersuchungsausschüssen, die nach dem Unglück eingerichtet wurden, nur sehr wenige Dritte Klasse-Passagiere, wie etwa Daniel Buckley oder Olaus Abelseth, zu Wort kamen. Die Zeitungen der damaligen Zeit konzentrierten sich auf die angeblichen Heldentaten prominenter Passagiere, obwohl viele dieser Berichte frei erfunden waren. Die traurigen Geschichten derjenigen, die sich das Ticket für die Dritte Klasse oft nur mit großen Mühen leisten konnten, gingen in den dramatischen Erzählungen der Presse meist unter.

Dabei stellten die Dritte Klasse-Passagiere mit insgesamt 708 Personen nach der Besatzung die größte Gruppe an Bord. Von ihnen überlebten jedoch nur 180 Menschen das Unglück. Viele große Familien, die in die Reise auf der TITANIC ihre Hoffnungen auf ein besseres Leben in Amerika gesetzt hatten, gingen mit dem Schiff unter und ließen kaum jemanden zurück, der von ihnen hätte berichten können.

Mit diesem Buch möchte ich diese Schicksale der Dritten Klasse wieder ins Gedächtnis rufen. Auch ihre Geschichten verdienen es, gehört zu werden.

So zum Beispiel die erschütternde Geschichte einer Gruppe irischer Auswanderer, der so genannten Addergoole 14, die selbst in ihrer Heimat jahrelang beinahe vergessen war. Jahrelang unerzählt blieb auch das Schicksal der „Longford Girls" und vieler anderer Passagiere der Dritten Klasse.

Es ist mein Wunsch, dass dieses Buch dazu beiträgt, das Vermächtnis dieser Menschen zu bewahren. Sie alle waren Teil der TITANIC und auch ihre Lebensgeschichten sind es wert der Nachwelt erzählt zu werden.

Norbert Zimmermann
März 2025

VORWORT VON COMMODORE RON WARWICK

Im Jahr 1912 legte die vom Unglück verfolgte TITANIC auf ihrer Jungfernfahrt in Cobh an. Unter den Passagieren befanden sich auch vierzehn aus Addergoole, die beschlossen hatten, ihre Familien, Verwandten und Freunde auf der Suche nach einem besseren Leben im fernen Amerika zu verlassen.

Diese Gruppe von Passagieren aus der Grafschaft Mayo ist unter dem Namen "Addergoole 14" bekannt geworden und dieses Buch soll uns mehr über sie als Individuen, ihre Gründe für das Verlassen ihrer Heimat und ihre Hoffnungen für die Zukunft erzählen.

Zweifellos wurden einige Tränen vergossen, als sie ihre Heimat verließen, aber jede Traurigkeit wich bald den Gedanken an das bevorstehende Leben und der Aufregung, an Bord des neuesten und modernsten Dampfschiffs zu sein.

Wie wir alle wissen, fand das Leben so vieler Menschen ein jähes Ende in den eisigen Gewässern des Nordatlantiks, doch drei von ihnen überlebten. Sie überlebten, um ihre Geschichten über den Untergang zu erzählen, wie viele andere, deren Schicksale in diesem Buch wiedergegeben werden.

Oft braucht es eine Katastrophe mit vielen Toten, um die Bedingungen für die Zurückgebliebenen zu verbessern. Dies war mit Sicherheit der Fall für alle, die an Bord der

TITANIC waren - Passagiere und Seeleute gleichermaßen. So traurig es auch war, diejenigen, die starben, taten dies nicht umsonst. Die Tragödie machte das Leben der Reisenden auf dem Meer sicherer. Es wurden weitere Sicherheitsvorschriften eingeführt, darunter die Bereitstellung ausreichender Rettungsbootkapazitäten für alle an Bord, und es wurde die Internationale Eiswacht gegründet.

Die British Titanic Society hat es sich zur Aufgabe gemacht, das Andenken an die Verstorbenen zu bewahren, und ich beglückwünsche das Mitglied Norbert Zimmermann zu diesem schriftlichen Gedenken an sie.

Commodore R. W. Warwick OBE
President – British Titanic Society

DIE DRITTE KLASSE DER TITANIC

Die TITANIC war – wie viele andere Schiffe ihrer Zeit – auf den Transport möglichst vieler Auswanderer ausgerichtet. Die Menschen, die mit ihr reisten, hofften auf ein neues Leben in Amerika und verließen oft ihre Heimat mit nichts als ihrem Mut und ein paar wenigen Habseligkeiten. In der Dritten Klasse, dem Bereich für die einfachen Auswanderer, sah es auf Schiffen bis dahin oft eher düster aus.

Einige Jahre vor dem Bau der TITANIC war die Dritte Klasse, auch „Zwischendeck" genannt, kaum mehr als ein umfunktionierter Frachtraum. Hier wurden die Auswanderer oft wie Fracht untergebracht. Die Bedingungen waren hart, die Ausstattung minimal, und mancher beschrieb die Reise eher als „Viehtransport". Es war eng, unhygienisch und so kam es häufig zu Krankheiten und Seuchen an Bord. Die Zustände auf den Schiffen waren für die Menschen der Dritten Klasse meist eine große Belastung und gefährdeten ihre Gesundheit.

Die White Star Line, die Reederei, zu der die TITANIC gehörte, erkannte das Potenzial, sich durch bessere Standards von der Konkurrenz abzuheben. Man beschloss, der Dritten Klasse einen gewissen Komfort zu bieten, um die Reise erträglicher zu machen. Dieser neue Ansatz war nicht nur menschlicher, sondern auch ein geschickter Geschäftszug. Durch die besseren Bedingungen in der Dritten Klasse sprach sich in

Auswandererkreisen schnell herum, dass die Schiffe der White Star Line eine gute Wahl waren. In einer Zeit, in der viele Menschen Europa verließen, um ihr Glück in Übersee zu suchen, erwies sich dies als profitabel.

Und so begann man damit, die Einrichtung und Unterbringung sowie die Verpflegung der Dritten Klasse sukzessive zu verbessern.

Natürlich war diese bessere Einrichtung im Vergleich zur Ersten und Zweiten Klasse immer noch als eher spartanisch anzusehen. Im Vergleich zu anderen Reedereien war die Dritte Klasse auf der TITANIC oder auch der OLYMPIC aber geradezu luxuriös ausgestattet und wahrscheinlich mit der Zweiten Klasse auf vielen anderen Schiffen der Konkurrenz vergleichbar, die erst nach und nach auf die Idee kamen, die Dritte Klasse den Anforderungen der moderneren Zeit anzupassen.

Unter anderem gab es auf den Schiffen der Olympic-Klasse (OLYMPIC, TITANIC und später BRITANNIC) einen eigenen Aufenthaltsraum für die Passagiere der Dritten Klasse.

Dieser Raum war mit Bänken, Tischen und Stühlen ausgestattet und auch ein Klavier stand bereit, sodass die Reisenden gemeinsame Abende mit Musik und Gesang verbringen konnten. Die Wände waren mit Kiefernholz und Emaille-Verzierungen verkleidet, die Möbel bestanden aus stabilem Teakholz. Für die damalige Zeit war dies ein außergewöhnlicher Komfort, vor allem für die einfachen Leute, die sonst nur wenig Aufmerksamkeit erhielten.

Die Dritte Klasse auf den Schiffen der Olympic-Klasse bot den Passagieren einige besondere Annehmlichkeiten, auch wenn diese nicht so luxuriös wie in der Ersten und Zweiten Klasse waren. So gab es auch einen Rauchsalon, der mit Vertäfelungen aus Eichenholz und Möbeln aus Teakholz ausgestattet war. Dieser Salon war zwar schlicht gestaltet, bot den Passagieren der Dritten Klasse aber einen Ort, um sich zu entspannen und mit anderen Reisenden ins Gespräch zu kommen.

Der Speisesaal der Dritten Klasse war einfach gehalten, aber funktional. Er war 30,5 Meter lang und erstreckte sich über die gesamte Breite des Schiffs, sodass er bis zu 470 Passagieren Platz bot. Im Vergleich zu den oft üblichen, festgeschraubten Bänken, boten die Stühle im Speisesaal den Passagieren deutlich mehr Komfort.

Eine Besonderheit für die Dritte Klasse war die Anzahl und Qualität der Mahlzeiten. Die Passagiere waren es oft nicht gewohnt, mehrmals am Tag abwechslungsreiche und warme Mahlzeiten zu bekommen, die ihnen sogar durch das Schiffspersonal am Tisch serviert wurden. Der Tag begann mit einem reichhaltigen Frühstück. Zum Mittagessen wurde ein mehrgängiges Menü serviert, bestehend aus einer Gemüsesuppe, einem Hauptgang (meist mit Kartoffeln, Gemüse und Fleisch) und anschließendem Obst.

Nachmittags gab es eine „Tea-Time" mit Gebäck und einer heißen Getränkeauswahl, darunter Tee, heiße Milch oder heißer Kakao. Das Abendessen war für die Dritte Klasse ebenfalls großzügig gestaltet und wurde mit heißer Milch oder Kakao abgerundet. Diese regelmäßigen und vielfältigen Mahlzeiten stellten für viele Passagiere eine neue Erfahrung dar und trugen erheblich zum Wohlbefinden an Bord bei.

Überlieferungen einiger Passagiere zufolge, war Bestandteil der täglich servierten Mahlzeiten sogar ein Stück Fleisch, was – gemessen an den damaligen Standards – ein Beleg für die überaus gute Küche und Versorgung an Bord ist.

Ein Nachbau einer Kabine der dritten Klasse ©
Privatfoto Norbert Zimmermann

Einige Stewards erzählten sogar, dass manche Passagiere aus der Dritten Klasse nach der Suppe bereits den Tisch verlassen wollten, in der Annahme, dies wäre schon die Hauptmahlzeit gewesen. Erst auf Hinweis des Personals blieben sie sitzen, um den weiteren Gängen beizuwohnen.

Da der Speisesaal nur eine begrenzte Kapazität hatte, wurde das Essen in zwei aufeinanderfolgenden Sitzungen serviert, mit einem Abstand von etwa 30 Minuten. So hatten alle Passagiere die Möglichkeit, an den Mahlzeiten teilzunehmen, ohne dass es zu einem großen Gedränge kam.

Der White Star Line war auch ein sehr guter Marketingeinfall gekommen: Jede Speisekarte konnte umseitig auch als Postkarte genutzt werden, damit die Auswanderer, die ihre in der Heimat gebliebenen Familien bald möglichst nachholen wollten, diese Karten als Beleg für die üppigen Mahlzeiten an Bord versenden konnten.

Das Ziel dieser Botschaft war klar: Wenn die Mahlzeiten so gut und üppig in der Dritten Klasse waren, dann sollte die nachkommende Familie doch möglichst auch mit einem Dampfer der White Star Line emigrieren.

Die Kabinen der Dritten Klasse waren meistens mit vier oder sechs Betten ausgestattet. Um die Passagiere in ihren Schlafräumen voneinander zu trennen, wurden unverheiratete Männer und Frauen auf entgegengesetzten Seiten des Schiffes untergebracht. Auch in Familien war oft eine Geschlechtertrennung üblich: Väter und Söhne schliefen zusammen in einer

Kabine, während Mütter und Töchter eine eigene Kabine teilten.

Als Fazit bleibt festzuhalten, dass die reine Ausstattung und Verpflegung der Dritten Klasse auf der TITANIC für ein Schiff der damaligen Zeit außergewöhnlich gut war.

BARRIERE IN DEN KÖPFEN

Als die Nachricht vom Untergang der TITANIC die Menschen erreichte, reagierte die Welt entsetzt. Schließlich galt die TITANIC als das sicherste Schiff der Welt und wurde als „unsinkbar" beschrieben. Doch genau dieses Schiff sank auf seiner ersten Fahrt, mit insgesamt 2.208 Menschen an Bord.

Die ersten Informationen über das Unglück waren sehr ungenau und ließen viele Fragen offen. Die *„New York Times"* war die erste Zeitung, die berichtete, dass die TITANIC gesunken sei – noch bevor dies von der White Star Line offiziell bestätigt wurde. Die Redakteure der Zeitung hatten anhand der vorhandenen Informationen eine plausible Schlussfolgerung gezogen: Der Funkkontakt mit der TITANIC war um 2:17 Uhr abrupt abgebrochen. Für sie gab es nur eine mögliche Erklärung – die TITANIC war untergegangen!

Jede Zeitung wollte die dramatischste Geschichte bieten, auch wenn es zu diesem Zeitpunkt noch kaum verlässliche Informationen gab. Der Funkverkehr der TITANIC mit anderen Schiffen war die einzig vorhandene Quelle, aus der wilde Geschichten gesponnen wurden. Niemand wusste wirklich, was geschehen war – doch die Leser wollten Antworten und vor allem Geschichten über die berühmten Passagiere an Bord.

Besonders die Schicksale wohlhabender und prominenter Reisender wie John Jacob Astor und

Benjamin Guggenheim standen im Fokus. War einer von ihnen gerettet worden?

Arthur Henry Rostron, der Kapitän der CARPATHIA, die den Überlebenden schließlich zur Hilfe kam, hatte nur die nötigsten Informationen an die Öffentlichkeit weitergeben lassen.

Bekannt wurde lediglich, dass die TITANIC gesunken sei und die CARPATHIA die Überlebenden nach New York bringen würde. Auch als der damalige amerikanische Präsident William Howard Taft sich persönlich nach seinem Freund und Berater, Major Archibald Butt, erkundigte, blieb seine Anfrage unbeantwortet.

Der Kapitän der CARPAHIA, Arthur Henry Rostron, wurde durch seine Rettung der TITANIC-Überlebenden zum Helden
© Library of Congress

In Ermangelung an Informationen begann die weltweite Presse ihre eigenen Geschichten über die Geschehnisse an Bord zu verfassen. Es kursierten bald Berichte über Heldentaten bekannter Passagiere, mutige Rettungsaktionen und dramatische Momente – viele davon frei erfunden. Einige dieser Geschichten halten sich bis heute und prägten die Vorstellung der Öffentlichkeit von den Ereignissen auf der TITANIC.

Als die CARPATHIA am Abend des 18. April 1912 in New York eintraf, warteten bereits zahlreiche Journalisten gespannt auf die Ankunft der Überlebenden der TITANIC. Von den über 2.200 Menschen an Bord des Luxusliners hatten nur 712 das Unglück überlebt.

Einige Zeitungen ließen sogar spezielle Boote mit Reportern ausrüsten, die als sogenannte „American Pressboats" der CARPATHIA entgegenfuhren und den TITANIC-Überlebenden finanzielle Angebote hinüberriefen, damit sie für Interviews zur Verfügung stünden.

Some Who Were Saved when the Titanic Went Down

An dieser Titelseite der New York Times von Mittwoch, den 17.April 1912, ist zu erkennen, dass eigentlich nur die prominenten Passagiere an Bord der TITANIC für die Leser von Belang waren. © gemeinfrei

Für eine Passagiergruppe jedoch interessierte sich kaum jemand: Die Passagiere der Dritten Klasse.

Es ist unbestritten und durch die nackten Zahlen belegbar, dass die Passagiere der Dritten Klasse der TITANIC aus dem sogenannten „Zwischendeck", nach der Besatzung mit riesigem Abstand die meisten Todesopfer zu beklagen hatten.

Doch warum ist das so? Warum gab es so viele Opfer in der Dritten Klasse?

In der Populärkultur hat besonders der Film „TITANIC" von James Cameron aus dem Jahr 1997 unser Bild von den Ereignissen geprägt. In einer eindringlichen Szene zeigt der Film, wie Passagiere der Dritten Klasse verzweifelt vor verschlossenen Gittertoren stehen. Sie wollen nach oben, dorthin, wo die Rettungsboote sind, werden aber von der Crew zurückgehalten und aufgefordert, ruhig zu bleiben. Dieses Bild hat sich tief in das kollektive Gedächtnis eingebrannt und wird oft als Symbol für die Ungleichheit an Bord der TITANIC zitiert.

Aufteilung nach einzelnen Klassen

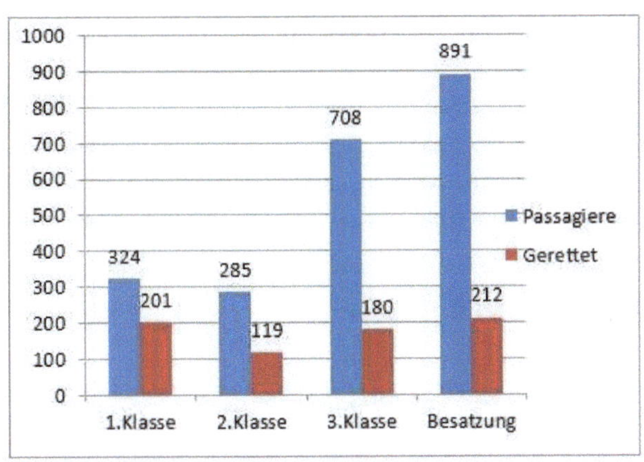

An dieser Grafik sieht man eindrucksvoll, wie hoch die Opferzahl in der dritten Klasse war. © Grafik Norbert Zimmermann

Doch historische Baupläne der TITANIC widersprechen dieser Darstellung. Es gab zwar Absperrgitter an Bord, doch diese befanden sich nicht an den Zugängen zu den Decks, die zu den Rettungsbooten führten. Die Pläne zeigen Gitter im vorderen Teil des Schiffes, wo sich die Posträume befanden, und im hinteren Bereich, wo

Vorratsräume und Mannschaftsunterkünfte lagen. Diese Barrieren dienten weniger dazu, Passagiere die Wege zu blockieren, sondern eher zur Trennung von Arbeitsbereichen und Passagierbereichen.

Allerdings gab es nach Aussagen von Überlebenden aus der Dritten Klasse in der Tat einige Absperrungen, an denen die Passagiere aus dem Zwischendeck von der Besatzung zurückgehalten wurden.

Exemplarisch ist hier die Geschichte der jungen, 17jährigen Irin Kate Gilnagh (siehe auch Kapitel: „Die Longford Girls") zu nennen.

Auf ihrem Weg zum Bootsdeck stand sie mit ihren drei Freundinnen vor einem verschlossenen Eisengitter und versuchte einen Seemann davon zu überzeugen es zu öffnen. Aber der Seemann weigerte sich beharrlich, bis es Kate Gilnaghs Landsmann Jim Farrell zu bunt wurde und er dem Seemann mit kraftvoller Stimme zurief:

„Um Himmels willen! Öffnen Sie das Gitter und lassen Sie diese Mädchen durch."

Der entschiedene und barsche Ton brach den Widerstand des Seemannes, so dass er das Gitter endlich öffnete und die vier Mädchen durchließ.

Auch Daniel Buckley berichtete vor dem amerikanischen Untersuchungsausschuss davon, dass die Dritte Klasse Passagiere durch Gitter und durch Teile der Crew aufgehalten wurden:

Daniel Buckley:

„Ja, sie schafften es. Es war ein Zwischendeckpassagier dort, der die Stufen nach oben gehen wollte und gerade als er das tat, kam jemand aus einer Tür und stieß ihn nach unten, warf ihn aufs Zwischendeck. Der Kerl wurde richtig aufgeregt und rannte ihm hinterher, aber er konnte ihn nicht finden. Er sprang über das kleine Gitter, aber er fand ihn nicht.“

Senator Smith:

"Welches Tor meinen Sie?"

Daniel Buckley:

"Ein kleines Gitter oben an der Treppe, die in die Erste Klasse führte.“

Senator Smith:

„Dort war ein Gitter zwischen dem Zwischendeck und dem Erste Klasse Deck?"

Daniel Buckley:

"Ja. Das Erste Klasse Deck lag höher als das Zwischendeck, und es waren viele Stufen die dorthin führten, 9 oder 10 Schritte, und ein Gitter auf den obersten Stufen."

Senator Smith:

„War das Gitter verschlossen?“

Daniel Buckley:

"Es war nicht verschlossen als wir den Versuch machten darüber zu steigen, doch der Matrose, oder was immer er auch war, schloss es ab. Dann brach der Passagier der nach unten gestoßen wurde das Gitter auf und rannte hinter demjenigen

her der ihn nach unten gestoßen hatte. Er sagte, wenn er ihn erwischen würde, würde er ihn in den Ozean werfen."[1]

Wenn wir uns die Aussage von Buckley genauer ansehen, beschreibt er anscheinend ein kleines Gitter auf dem vorderen Welldeck, das den Zugang zum Deck der Ersten Klasse ermöglichte.

Es gab jedoch keine Gittertüren mit einer Treppe, die zu einem höheren Deck führte, um dort Passagiere der Dritten Klasse zurückzuhalten. Stattdessen existierten in der Dritten Klasse verschiedene Absperrungen und Tore, aber diese dienten nicht dazu, die Passagiere einzusperren.

So gab es zum Beispiel ein Tor im vorderen Bereich der Dritten Klasse. Von dort führte eine Treppe in den offenen Bereich der Dritten Klasse auf der Steuerbordseite. Dieses Tor hätte niemanden ausgeschlossen, da es einen Korridor auf der Achtern-Seite (hinten) gab, der aus diesem Raum führte. Das Tor wurde nur von der Backbordseite (linke Seite) genutzt.

Ein weiteres Tor befand sich weiter hinten, jenseits der s.g. Scotland Road, am Eingang zur Dritten Klasse, und trennte diesen Bereich von einem Mannschaftsraum. In diesem Mannschaftsraum gab es einen Raum, der oft als Kartoffelraum bezeichnet wird.

---

[1] Aussage Daniel Buckley vor dem amerikanischen Untersuchungsausschuss am Freitag, den 3.Mai 1912

Möglicherweise gab es auch zwei weitere Tore an der Scotland Road aber diese schlossen sich nur dort, wo die Treppe in den Speisesaal der Dritten Klasse und wurden möglicherweise nur benutzt, wenn der Speisesaal nicht in Gebrauch war und für die nächste Sitzung vorbereitet wurde.

Wenn man nun alle Fakten zusammenträgt, ist es nicht gänzlich auszuschließen, dass Passagiere aus der Dritten Klasse von Crewmitgliedern oder auch an Gittertoren zurückgehalten wurden. Auch wenn es keine solchen expliziten Gittertüren in den Bauplänen der TITANIC gab.

Ein weiteres, viel gravierenderes Problem, das zu der exorbitant hohen Opferzahl führte, ist ohne Zweifel die Konstruktion des Schiffes und auch das Sprachproblem eines großen Teils der Passagiere im Zwischendeck.

Ein großer Anteil der Menschen im Zwischendeck, vielfach mit ihren Kindern oder auch Säuglingen im Schlepptau, kam aus aller Herren Länder und war nur in den allerwenigsten Fällen der englischen Sprache mächtig. So konnten sie vielfach die Anweisungen der Crew und auch die Hinweisschilder in englischer Sprache nicht verstehen.

Natürlich galt das nicht für die irischen und englischen Auswanderer.

Aber selbst nach Abzug dieses Anteils englischsprechender Dritte Klasse-Passagiere, bleibt ein beachtlicher Rest an Menschen, denen die Sprachbarriere zum Verhängnis wurde.

Auch machte es die strikte Klassentrennung an Bord, bedingt durch die amerikanischen Einwanderungsgesetze, schier unmöglich, dass die Passagiere aus der Dritten Klasse in kurzer Zeit auf das Bootsdeck gelangen konnten.

Hinzu kam, dass viele Familien teilweise in verschiedenen Bereichen des Schiffes untergebracht waren. Keiner dieser Familien wollte sich alleine auf den Weg zum potentiell rettenden Bootsdeck machen. Bis die Familien aber wiedervereint waren und sie sich gemeinsam auf den Weg machen konnten, verging so viel Zeit, dass die meisten Boote bereits abgefiert waren, als sie auf dem Bootsdeck ankamen. Damit war auch die Chance auf Rettung kaum mehr gegeben.

Einige der überlebenden Offiziere berichteten später davon, wie entsetzt und fassungslos sie waren, als kurz vor dem Untergang der TITANIC in die eisigen Fluten eine riesige Menge an Passagieren der Dritten Klasse plötzlich aus den Treppenhäusern nach oben auf das Bootsdeck strömte. Sie waren eigentlich davon ausgegangen, die meisten der Passagiere bereits in den Rettungsboten untergebracht zu haben. Dem war mitnichten so.

Das vermutlich größte Problem bestand aber in der Barriere in den Köpfen der Menschen, die es einfach aufgrund ihres Standes in der Gesellschaft nicht wagten, Eigeninitiative zu ergreifen und den Versuch zu unternehmen sich zu retten. Sie warteten, wie sie es gewohnt waren, auf Anweisungen und hatten nicht den Mut, aus diesem gewohnten Schema auszubrechen.

Einige Überlebende der Dritten Klasse berichteten später davon, wie große Gruppen von Passagieren gemeinsam den Rosenkranz beteten und auf Hilfe von oben warteten, statt den Versuch zu unternehmen sich zu retten.

Einige Dritte Klasse-Passagiere gingen wieder in ihre Kabinen zurück, als für sie die Ausweglosigkeit ihrer Lage offensichtlich wurde, um dort auf das Ende zu warten und mit dem Schiff unterzugehen.

Es scheint zutreffend zu sein, was es der inzwischen verstorbene Autor Wolf Schneider einmal in einer TITANIC-Dokumentation zum Ausdruck brachte: *„Für die Passagiere der Dritten Klasse hat sich niemand interessiert!"*

Bis heute wird nur von einem Steward erzählt, der von Kapitän Smith in die Dritte Klasse geschickt wurde, um sie nach oben auf das Bootsdeck zu führen. Eine Gruppe von Passagieren scheint es auch geschafft zu haben, mit der Hilfe des Stewards das Deck zu erreichen. Als sich der Steward aber nochmals unter Deck begab, um eine weitere Gruppe nach oben zu lotsen, schaffte er es nicht mehr rechtzeitig zurück nach oben. Jedenfalls verlor sich danach jede Spur von ihm.

Nach alle dem scheint es nicht verwunderlich, dass nur so wenige Passagiere der Dritten Klasse den Untergang der TITANIC überlebten.

Bis heute ranken sich zahlreiche Geschichten und Mythen um die TITANIC. Viele von ihnen sind bis heute kontrovers diskutiert. Eine dieser kontrovers diskutierten Überlieferungen ist der Einsatz von Schusswaffen der Offiziere gegen die Passagiere während des Untergangs und ob dadurch Todesopfer zu beklagen waren.

Bekannt ist, dass der Fünfte Offizier Harold Lowe mehrere Warnschüsse entlang der Bordwand abgab. Allerdings wurde vehement bestritten, dass auch Passagiere erschossen wurden.

Es gibt allerdings eine Vielzahl von Aussagen, dass dem doch so war. Hier einmal eine kleine Auswahl an der deutlich wird, dass auch hier vor allem Passagiere der Dritten Klasse sehr stark betroffen waren:

„Man wird sehr ernst, wenn man etwas so Schreckliches erlebt hat... Mir ist, als hörte ich die Hilferufe noch heute. Und einige wurden beim Versuch, die Boote zu besteigen, erschossen."
(Karl Albert Midtsjo, Freitag, den 19. April 1912.)

" Auf der Seite, auf der ich war, versuchten einige wild aussehende Männer in die Boote zu stürmen die Offiziere und die Mannschaft schossen auf sie. Einige der Männer fielen. Andere wurden von den Offizieren zurückgeschlagen, die ihre Pistolen auf sie richteten."
(Miss Margaret Mannion, Chicago American, Dienstag, den 23. April 1912)

"In diesem Moment sah ich, wie ein anderes Boot in der Nähe beladen wurde, um es ins Wasser zu lassen. Es war fast voll mit Frauen, als ich einen Mann sah, der versuchte, hineinzukommen. Die Matrosen hielten ihn zurück, aber er schaffte es, sie zu überwinden und ins Boot zu springen. Als

er aufstand, zog ein Matrose einen Revolver und erschoss ihn. Der Körper des Mannes kippte über die Bordwand und das war das letzte, was ich von ihm sah."
(Miss Mariayam Nakid, Waterbury Republican, Donnerstag, den 25.April, 1912)

"Ich erinnere mich, dass ich zu einem der Boote geschoben wurde und man mir hineinhalf. Das Boot wurde auf den Davits ein Stück nach unten gelassen. Gerade als wir das Schiff verlassen wollten, eilte ein Mann an Bord und wurde erschossen. Er war offenbar auf der Stelle tot und seine Leiche fiel zu unseren Füßen in das Boot. Niemand machte Anstalten, die Leiche zu bewegen und sie blieb unter unseren Füßen liegen, bis wir von der Carpathia aufgenommen wurden."
(Lady Lucy Christiana Duff-Gordon, New York Herald, Freitag, den 19. April 1912)

"Als die Passagiere des Zwischendecks auftauchten, hatten viele von ihnen Messer, Revolver und Knüppel dabei und versuchten, sich zu den beiden nicht abgefierten, faltbaren Booten durchzuschlagen. Viele von ihnen wurden von den Offizieren erschossen."
(Dr. Washington Dodge, San Francisco Bulletin, Samstag, den 20. April 1912)

AUS DIESER AUSSAGE SCHEINT WOHL EHER DIE ALLGEMEINE ABNEIGUNG UND GERINGSCHÄTZUNG GEGEN PASSAGIERE DER DRITTEN KLASSE ZU SPRECHEN...

"Ein Offizier richtete einen Revolver und sagte, wenn jemand versuchen würde, ins Boot zu kommen, würde er ihn auf der Stelle erschießen. Ich sah, wie der Offizier zwei Männer

erschoss, weil sie versuchten, in das Boot zu gelangen. Danach gab es einen weiteren Schuss und ich sah den Offizier selbst an Deck liegen. Man sagte mir, er habe sich selbst erschossen, aber ich habe es nicht gesehen."
(Mr. Eugene Patrick Daly)

"Als die Aufregung begann, sah ich, wie ein Offizier der Titanic zwei Passagiere aus dem Zwischendeck niederschoss, die versuchten, die Rettungsboote zu stürmen. Wie ich später erfuhr, wurden insgesamt zwölf Passagiere aus dem Zwischendeck erschossen, wobei ein Offizier sechs erschoss."
(Dr. Washington Dodge)

Es scheint so, als wäre auch hier den Passagieren der Dritten Klasse ihr gesellschaftlicher Stand zum Verhängnis geworden.

Wenn man dann noch bedenkt, dass beispielsweise der Fünfte Offizier Harold Lowe nach der Katastrophe die Passagiere aus der Dritten Klasse als Feiglinge oder „Italiener" bezeichnete (wofür er sich später beim italienischen Botschafter in den USA entschuldigen musste), bekommt man eine ungefähre Ahnung wie in der damaligen Zeit über die Zwischendeckpassagiere gedacht wurde und welchen Stellenwert sie hatten.

Zwei Rettungsboote der TITANIC auf dem Weg zur CARPATHIA © Library of Congress

Nach dem Untergang der TITANIC standen viele Frauen aus der Dritten Klasse vor einem Leben voller Schwierigkeiten und Unsicherheit. Ihre Ehemänner, die oft die Hauptverdiener der Familien waren, hatten die Katastrophe nicht überlebt. So waren diese Frauen plötzlich auf sich allein gestellt und mussten irgendwie für sich und ihre Kinder sorgen – ohne finanzielle Mittel und ohne Unterstützung.

Die öffentliche Aufmerksamkeit jedoch richtete sich wenig auf das Schicksal dieser Frauen und ihrer Familien. Die Presse interessierte sich vor allem für die Passagiere der Ersten Klasse und berichtete über deren "Heldentaten" und Erlebnisse während des Unglücks. Die Verluste und das Leid der Dritten Klasse wurden dagegen kaum beachtet. Die hohe Zahl an Opfern unter den Zwischendeckpassagieren, darunter auch viele Kinder, blieb für die meisten nur eine Statistik – eine Zahl, die zwar wahrgenommen, aber nicht weiter hinterfragt wurde.

Die Erste Klasse Passagiere George & Dorothy Harder im Gespräch mit Sallie Beckwith © Library of Congress

Eine Gruppe von Überlebenden der TITANIC auf der CARPATHIA © Library of Congress

Erst viele Jahre später widmeten TITANIC-Historiker
sich intensiv den Lebensgeschichten der Dritte Klasse-
Passagiere und brachten deren tragische Erlebnisse und
Schicksale ans Licht.

Eine der wohl erschütterndsten Schicksale ist das der
britischen Familie Goodwin, die insgesamt acht
Familienmitglieder umfasste. Auf der Suche nach einem
besseren Leben gingen sie in Southampton an Bord der
TITANIC. Alle acht verloren in der Tragödie ihr Leben.
Der jüngste Sohn der Goodwins – Sidney Goodwin –
war gerade einmal 19 Monate alt. Seine Leiche wurde
nach der Katastrophe gefunden und geborgen, blieb
aber unidentifiziert und ging als „das unbekannte Kind"
in die Geschichtsbücher ein.

Erst fast 100 Jahre nach dem Untergang der TITANIC
konnte durch eine DNA-Analyse die Identität des
kleinen Sidney geklärt werden. Er liegt – neben 120
weiteren TITANIC-Opfern – auf dem Fairview Friedhof
in Halifax begraben.

Der Grabstein von Sidney Goodwin auf dem Fairview-Cemetery in Halifax © Privatfoto Norbert Zimmermann

Die Geschichte von Margaret Rice und ihren fünf Kindern ist ein weiteres tragisches Beispiel für die Schicksale, die sich auf der TITANIC abspielten. Margaret war eine Witwe, die mit ihren Kindern nach Amerika reisen wollte, um dort ein neues Leben zu beginnen. Doch als die TITANIC sank, starben sie alle gemeinsam im eisigen Wasser des Nordatlantiks. Für viele Familien an Bord war die Katastrophe besonders dramatisch, weil sie sich nicht voneinander trennen wollten.

34

Für Frauen und Mädchen gab es häufiger die Möglichkeit, in ein Rettungsboot zu steigen, da die Regel „Frauen und Kinder zuerst" galt. Doch die männlichen Familienmitglieder – Väter, Brüder und oft auch minderjährige Jungen – mussten auf dem Schiff zurückbleiben. Bei der White Star Line galten Jungen ab 12 Jahren als „Männer". Das bedeutete, dass sie nicht in die Rettungsboote durften und an Bord bleiben mussten, obwohl sie eigentlich noch Kinder waren.

Viele Familien entschieden sich deshalb, lieber zusammenzubleiben, anstatt die Väter oder älteren Jungen zurückzulassen. Daran wird deutlich, wie schwer es gerade für Großfamilien an Bord der TITANIC war, den Untergang zu überleben. Im Prinzip war es praktisch unmöglich.

Der überlebende Funker Harold Bride wird mit erfrorenen Füßen von Bord der CARPATHIA getragen © Library of Con

LEO ZIMMERMANN – DER LANDWIRT AUS DEM SCHWARZWALD

Wenn über Deutsche an Bord der TITANIC gesprochen wird, fallen oft die Namen Alfred Nourney, Pater Joseph Peruschitz oder Alfred Theissinger. Doch ein Passagier bleibt meist im Hintergrund: Der Dritte Klasse-Passagier Leo Zimmermann.

Leo Zimmermann war 29 Jahre alt, als er 1912 an Bord der TITANIC ging. Er lebte zuletzt in Todtmoos, einem kleinen und beschaulichen Dorf im Schwarzwald, wo er als Landwirt arbeitete. Die Familie Zimmermann war groß; Leo hatte insgesamt neun Geschwister- fünf Brüder und vier Schwestern.

Sein Vater Josef arbeitete als Handelsvertreter, während die Mutter Ludwina den Haushalt führte.

Das Leben auf dem Land war hart und die Familie trafen mehrere Schicksalsschläge. Um 1900 brannte das 150 Jahre alte Haus der Zimmermanns ab und die Familie verlor fast ihren gesamten Besitz. Kaum war dieses Unglück überstanden, starb Leos Mutter Ludwina im Jahr 1905.

Angesichts der schwierigen Verhältnisse im kaiserlichen Deutschland entschloss sich Leo, sein Glück in der „Neuen Welt" zu suchen. Seine beiden Brüder Edwin und Arnold waren bereits nach Kanada ausgewandert und hatten sich in der Nähe von Saskatoon,

Saskatchewan, niedergelassen. Leo wollte ihnen folgen und bereitete sich auf die lange Reise vor.

Leo traf sämtliche Vorbereitungen für den großen Schritt nach Kanada und verabschiedete sich von seiner Familie. Niemand sollte ahnen, dass Leo niemals in Kanada ankommen sollte.

Damals buchte man nicht einfach eine Passage auf einem bestimmten Schiff, das man sich aussuchte, sondern wandte sich an eine Agentur. Im Fall von Leo Zimmermann war das die Kaiser & Cie. in Basel (andere Quellen sprechen von Zürich), wo er ein Ticket zum Preis von 390 Schweizer Franken für eine Fahrt über den Atlantik kaufte. Die Agentur stellte dabei gerne Reisegruppen zusammen und so gelangte der Deutsche Leo Zimmermann in eine Gruppe mit den Schweizern Anton Kink und seiner Familie.

Bei der Recherche zu diesem Buch tauchte ein interessantes Detail auf: Leo Zimmermanns Name erscheint auf einer Passagierliste der OLYMPIC vom 3. April 1912 – durchgestrichen, aber deutlich lesbar.

Ob die White Star Line dabei einfach nur einen Fehler gemacht hat und ihn dann durch ein einfaches Durchstreichen des Namens korrigiert hat oder ob Leo Zimmermann wirklich auf der OLYMPIC reisen sollte, ist nicht mehr nachvollziehbar.

Aber es wäre in der Tat ein sehr großer Zufall, wenn es sich bei dem durchgestrichenen Passagier Leo Zimmermann aus Deutschland nicht um den späteren TITANIC-Passagier handelt, auch wenn der Name

Zimmermann im deutschen Sprachraum bereits damals
sehr weit verbreitet war.

Eine zeitgenössische Postkarte der OLYMPIC © Sammlung
des Autors

Fest steht jedoch, dass Leo eine Woche später, am 10.
April 1912, in Southampton an Bord der TITANIC ging.
Er reiste unter der Ticketnummer 315082.

Eindeutig zu erkennen: Der durchgestrichene Name von Leo Zimmermann auf der Passagierliste der OLYMPIC vom Mittwoch, den 3. April 1912 © ancestery.co.uk

LEO ZIMMERMANN SCHEINT NICHT DER EINZIGE SPÄTERE TITANIC-PASSAGIER ZU SEIN, DER URSPRÜNGLICH EINE ÜBERFAHRT AUF DER OLYMPIC GEBUCHT HATTE. EIN WEITERES BEISPIEL IST DER AMERIKANISCHE GESCHÄFTSMANN WILLIAM CARTER.

CARTER WAR AMERIKANISCHER GESCHÄFTSMANN UND EIGENTÜMER DES RENAULTS, DER DURCH JAMES CAMERONS „TITANIC" BERÜHMTHEIT ERLANGTE, ALS JACK UND ROSE DARIN IHRE ERSTE UND EINZIGE GEMEINSAME NACHT VERBRACHTEN. CARTER HATTE EBENFALLS ZUNÄCHST EINE ÜBERFAHRT AUF DER OLYMPIC GEBUCHT. ER UND SEINE GANZE FAMILIE SOLLTEN AM 03. APRIL 1912 AN BORD DER OLYMPIC GEHEN,

WURDEN DANN ABER AUF DIE TITANIC UMGEBUCHT.

Leo Zimmermann teilte sich auf der TITANIC die mit sechs Betten ausgestattete Kabine E58 unter anderem mit den Brüdern Anton und Vincenz Kink sowie Joseph Arnold und Wenzel Linhart.

Als das Schiff in der Nacht zum 15. April 1912 mit dem Eisberg kollidierte, versuchten die Männer zu entkommen. Doch nur Anton Kink schaffte es in ein Rettungsboot (Nummer 2). Leo und die anderen Passagiere aus der Kabine E58 fanden den Tod im kalten Wasser des Nordatlantiks .Leos Leiche wurde nie gefunden.

Endgültige Gewissheit über den Tod Leos erhielten Vater Josef und sein Bruder Matthäus, als sie am Dienstag, den 4.Juni 1912 über das Großherzogliche Bezirksamt St. Blasien die Bestätigung seines Todes auf der TITANIC erhielten.

Zwei Monate nach der Katastrophe machte die Familie Zimmermann Schadensersatzansprüche gegenüber der White Star Line geltend, einschließlich der Erstattung der Kosten für Leos TITANIC-Ticket und einer Entschädigung in Höhe von 8050 Reichsmark für Vater Joseph Zimmermann, dessen Lebenshaltungskosten Leo angeblich bezahlt haben soll.

Das idyllische St. Blasien in Baden- Würtemberg © Martina Seeberg

In der Klageschrift heißt es:

„Hinzusetzen wollen wir noch, dass der Vater und alle Geschwister arme Leute sind und dass die angeforderte Summe gewiss niedrig ist."

Am Dienstag, den 8. April 1913 – fast ein Jahr nach der Tragödie –erhielt die Familie eine Antwort:

„Nach einer Mitteilung des Kaiserlichen Generalkonsulats in London hat das Gesuch des Matthäus Zimmermann in Todtmoos keine Berücksichtigung gefunden."

Nur Vater Joseph Zimmermann wurde ein Betrag in Höhe von 805,35 Reichsmark zugesprochen. Ein geringer Betrag für den Verlust eines Menschenlebens.

Viele Jahre lang war das Schicksal von Leo Zimmermann völlig vergessen – bis vor ein paar Jahren ein verlorener Brief des Schweizer Passagiers Anton Kink auftauchte. Anton Kink und seine Brüder waren die weiteren Passagiere, mit denen sich Leo Zimmerman die Kabine E58 teilte und darüber hinaus auch Mitglieder der gleichen Gruppe, die von Basel nach Southampton reiste, um dort an Bord der TITANIC zu gehen."

Der Brief war adressiert an die Auswanderungsagentur Kaiser & Cie in Basel und Kink berichtet darin von Unannehmlichkeiten während der Reise nach Southampton aufgrund langer Wartezeiten im Zug und schlechter Verpflegung.

Kink berichtete auch, wie die Reisegruppe auf dem Schiff, das sie von Le Havre nach Southampton transportierte, in einer Kabine mit 40 oder mehr Betten eingepfercht war und wie mehrere Passagiere seekrank wurden.

Erst auf der TITANIC fühlte sich die Gruppe wohl, mit gutem Essen und komfortablen Kabinen, obwohl sie getrennt nach Geschlechtern untergebracht waren.

Kink beschreibt, wie die Männer die Kollision erlebten:

"Am Sonntagabend gingen wir gemütlich zu Bett, ohne etwas Gefährliches zu vermuten, und wir schliefen gut, als um 11:45 Uhr ein schrecklicher Schlag und ein Brüllen uns aus dem Schlaf riss und in diesem Moment wurde das ganze Schiff lebendig. Wir waren teilweise angezogen und gingen auf das Vorderdeck und sahen eine Menge Eis. Wir sahen auch, wie

Dampf abgelassen wurde und auf die Frage, was passiert war, wurde mir gesagt, dass die Titanic einen Eisberg gerammt hatte, aber es bestehe keine Gefahr und ich solle mich beruhigen und zurück in die Kabine gehen. Mehrere Leute sagten mir das und betonten auch dass "die TITANIC gar nicht sinken kann".[2]

Kink beschreibt, wie schwierig der Weg zu einem Rettungsboot war, selbst für eine Familie mit einem Baby. Die Familie kämpfte sich durch ein überfülltes Gewirr von Gängen und Treppenhäusern, um überhaupt auf das Deck zu gelangen. Dort angekommen durften die Frau und das Kind in ein Boot steigen, aber eines der Besatzungsmitglieder stellte klar: keine Männer! Kink behielt ein Auge auf seine Familie und als die Matrosen abgelenkt waren, schlüpfte er durch die Barrikade und schaffte es 35 Minuten vor dem Untergang von Bord.

Ob Leo Zimmermann jemals an Deck gelangen konnte oder ob er vor verschlossenen Türen auf seinen Tod warten musste, weil ihm der Zugang zu den oberen Decks verwehrt wurde, wird man wahrscheinlich nie erfahren....

Heute gibt es kaum noch Hinweise auf Leo Zimmermann. Es ist bekannt, dass Leo ein Gründungsmitglied des Musikvereins am Todtmoos-Weg war und es existiert ein Foto aus dem Jahr 1899, auf dem er mit einer Trompete zu sehen ist.

---

[2] Zitat aus dem Brief von Anton Kink an Kaiser&Cie in Basel

Erst im September 2020 wurde auf Initiative des Titanic Verein Schweiz und der Gemeinde Todtmoos eine Gedenktafel für Leo errichtet. Damit erinnert nun auch sein Heimatort an ihn – über einhundert Jahre nach seinem Tod auf der TITANIC.

Die Gedenktafel für Leo Zimmermann in Todtmoos © Sammlung Norbert Zimmermann

DIE ADDERGOOLE 14

Im April 1912 verließen 14 Menschen aus der kleinen irischen Gemeinde Addergoole ihre Heimat, um in der „Neuen Welt" ihr Glück zu suchen. Sie hofften, in den Vereinigten Staaten ein besseres Leben zu finden und die bittere Armut hinter sich zu lassen.

Seit Mitte des 19. Jahrhunderts hatten bereits über vier Millionen Iren ihre Insel verlassen – das war die Hälfte der gesamten Bevölkerung Irlands, die damals nur etwa acht Millionen Menschen zählte! Fast jede irische Familie hatte Verwandte im Ausland, meist in den USA, die oft Briefe schickten und von den Chancen berichteten, die Amerika bot.

Addergoole, eine kleine Gemeinde im Norden der Grafschaft Mayo, liegt an der irischen Westküste zwischen den Ufern des Loch Conn und den Hügeln des Nephin. Die Landschaft ist malerisch, doch zu Beginn des 20. Jahrhunderts war die Gegend von harter Armut geprägt und es gab wenig Hoffnung auf ein besseres Leben.

Mitten in der Gemeinde Addergoole liegt das winzige Dorf Lahardane, das 1912 nur 96 Einwohner zählte, die auf 22 Häuser verteilt lebten. Für viele junge Menschen war die Auswanderung nach Amerika die einzige Möglichkeit, der Armut zu entkommen und eine bessere Zukunft zu finden.

Eine Schlüsselfigur unter den 14 Auswanderern aus Addergoole war Catherine McGowan. Sie war 42 Jahre alt und lebte bereits seit langem in den USA. Im Alter von 19 Jahren war sie dorthin ausgewandert, um bei ihrer älteren Schwester in Cleveland, Ohio, zu leben. Später zog sie nach Chicago, wo sie es geschafft hatte, sich ein neues, erfolgreiches Leben aufzubauen.

Über 23 Jahre nach ihrer Auswanderung kehrte Catherine als unabhängige und wohlhabende Frau zurück in ihr Heimatdorf, um ihre 17-jährige Nichte Annie mit in die USA zu nehmen. Catherine führte in Chicago eine erfolgreiche Pension, in der sie neu angekommenen Einwanderern nicht nur eine günstige Unterkunft bot, sondern auch half, sich in der fremden Umgebung zurechtzufinden.

Als sie nach Addergoole zurückkam, war sie ein lebendiges Beispiel für eine gelungene Auswanderung. In eleganten Kleidern und mit beeindruckenden Geschichten über die Möglichkeiten, die Amerika bot, inspirierte sie viele in ihrer Heimat, ebenfalls den Schritt in eine neue Zukunft zu wagen.

Ihre Nichte Annie hatte sich sehr auf die Ankunft ihrer Tante gefreut, wie man diesen kurzen Zeilen entnehmen kann:

„Liebe Tante, ich freue mich darauf, nach Amerika zu reisen. Ich bin sehr froh, dass du mich abholst. Ich freue mich auf all die neuen Möglichkeiten und hoffe, mit deiner Hilfe Arbeit zu finden. In Liebe, Annie McGowan"[3]

---

[3] Waking the Titanic-TV Dokumentation 2012 , Direktor: Francis Delaney

Kurz vor ihrer Ankunft in Irland schrieb Catherine McGowan an ihre Nichte:

„Liebste Annie, ich hoffe, es geht dir gut. Ich schreibe dir, weil ich in einigen Wochen nach Irland reise und mich sehr freue, dich wiederzusehen. Ich hoffe, dass du mit mir nach Amerika kommst. Es ist ein lebenswerter Ort. Amerika bietet viele Möglichkeiten, viel Arbeit. In Liebe, deine Tante, Catherine McGowan" [4]

Nach ihrer Ankunft begann Catherine McGowan eine Art „Promotiontour" durch die Gemeinde in Irland. Ihr Ziel war es, möglichst viele Menschen davon zu überzeugen, mit ihr nach Amerika zu reisen, um dort ein besseres Leben zu beginnen und der weit verbreiteten Armut in Irland zu entkommen. Sie versprach denjenigen, die mit ihr kämen, in Chicago eine Arbeitsstelle zu vermitteln.

Ihre Bemühungen waren von Erfolg gekrönt. Schließlich schloss sich eine Gruppe von 13 Personen dem Vorhaben an und gemeinsam mit Catherine McGowan machten sie sich auf den Weg in die Vereinigten Staaten. Diese Gruppe wurde später als die „Addergoole 14" bekannt.

Unter den Reisewilligen waren unter anderem Annie Kate Kelly, ihre Freundin Delia Mahon, sowie Nora Fleming und Bridget Donohue. Diese vier Frauen hatten schon lange den Wunsch, ihre Heimat zu verlassen und

---

[4] Waking the Titanic-TV-Dokumentation 2012 , Direktor: Francis Delaney

in der Neuen Welt ein neues Leben zu beginnen. Catherine McGowan gab ihnen den letzten Anstoß, den Schritt zur Auswanderung tatsächlich zu wagen.

Zur Gruppe der „Addergoole 14" zählten auch Catherine Bourke und ihr Ehemann John. Die beiden hatten erst ein Jahr zuvor, am Dienstag, den 17. Januar 1911, geheiratet und sahen in der Auswanderung ihre einzige Chance auf ein besseres gemeinsames Leben. Voller Hoffnung und mit großen Plänen für ihre Zukunft erwarteten sie ihr erstes Kind, das in Amerika zur Welt kommen sollte.

Catherine Bourke war eine enge Freundin von Catherine McGowan. Es war diese Freundschaft, die Catherine Bourke und ihren Mann schließlich dazu bewog, sich der Gruppe anzuschließen und die Reise in eine ungewisse, aber hoffnungsvolle Zukunft anzutreten.

In einem Brief an ihre Schwester Ellen war sie sehr aufgeregt nach Amerika auszuwandern:

„Liebe Ellie, ich denke, du hast bereits von meinem Entschluss gehört. Am 11. April segle ich mit Kate McGowan nach Amerika. Du musst denken, ich sei in Not, doch ich freue mich. Ich entschied mich sofort. Ich habe kaum Zeit und bin so beschäftigt wie nie. Kate McGowan ist da. Ich gehe zu einem Begräbnis. Ich muss nun aufhören. Alles Liebe, Catherine Bourke.
PS: Der Name des Dampfers auf dem ich reise, ist Titanic" [5]

---

[5] Waking the Titanic-TV- Dokumentation 2012 , Direktor Francis Delaney

Als Johns Schwester Mary Bourke von den Auswanderungsplänen hörte, fasste sie ebenfalls den Entschluss, mit der Gruppe nach Amerika zu ziehen. Auch sie träumte davon, in der Neuen Welt ein besseres Leben zu beginnen.

Zu der Gruppe stieß außerdem Mary Mangan, eine ruhige und schüchterne Frau, die ebenfalls mit Catherine McGowan befreundet war. Mary lebte bereits seit einigen Jahren in Chicago und war nur vorübergehend in ihre Heimat Addergoole zurückgekehrt. Der Grund ihrer Reise war ein freudiger: Sie wollte ihrer Familie und ihren Freunden von ihrer bevorstehenden Hochzeit berichten.

Ein weiteres Mitglied der Gruppe war der 21-jährige Pat Canavan, ein rauer, aber warmherziger junger Mann aus dem Westen Irlands. Gemeinsam mit ihm reisten sein bester Freund James Flynn und seine Cousine Mary Canavan, die gleichzeitig die Stiefschwester von James war. Auch sie sahen in Amerika die Chance auf ein neues Leben.

Auch Bridget Delia McDermott, eine 31-jährige Frau, entschied sich, sich der Gruppe anzuschließen. Ihre gute Freundin Mary Mangan war ebenfalls dabei. Bridgets Ziel war jedoch nicht Chicago, sondern St. Louis im Bundesstaat Missouri, wo ihre Cousine Mary Finnerty bereits lebte.

Am Tag vor ihrer Abreise herrschte bei den 14 jungen Menschen aus Addergoole eine geschäftige Stimmung. Sie packten ihre Koffer, trafen letzte Vorbereitungen und verbrachten wertvolle Momente mit ihren Familien. Für viele von ihnen war der Aufbruch nach Amerika ein Abschied für immer.

Mary Mangan nutzte den Tag, um Zeit mit ihren Eltern zu verbringen. Sie wusste, dass sie nach ihrer Ankunft in Amerika heiraten und dort ihre eigene Familie gründen würde – ein neuer Lebensabschnitt stand bevor.

Delia McDermott hatte von ihrer Mutter erfahren, dass man in Amerika als Dame angesehen wurde, wenn man einen Hut trug. Um bestens vorbereitet zu sein, besuchten sie gemeinsam einen Hutladen in Crossmolina, wo Delia einen eleganten Hut und Handschuhe kaufte. So würde sie in New York als „feine Dame" ankommen und die Etikette der neuen Welt erfüllen.

Bridget Donohue, die im kleinen Dorfladen arbeitete, erlebte ebenfalls einen emotionalen Moment. Die dreijährige Tochter der Ladenbesitzerin bat sie, einen Ring aus New York mitzubringen. Bridget maß den kleinen Finger des Mädchens mit einem Stück Schnur und versprach, ihr den Ring zu schicken.

James Flynn verbrachte den Nachmittag mit seiner Schwester, die schwer darunter litt, dass er fortgehen würde. Sie war seit Geburt taub, und James war der Einzige, der sich mit ihr in Zeichensprache unterhalten konnte. Er beruhigte sie mit dem Versprechen, ihr eine Fahrkarte zu schicken, sobald er sich in New York niedergelassen hätte, damit sie ihm folgen könne.

Am Abend vor der Abreise veranstalteten die Dorfbewohner eine traditionelle Feier, den sogenannten

„American Wake". Freunde und Familie kamen zusammen, um die Auswanderer zu verabschieden. Es war ein Abschied voller gemischter Gefühle: Freude über die neuen Chancen, aber auch Trauer, denn die meisten würden sich vermutlich nie wiedersehen. Doch trotz der Wehmut überwog die Aufregung über das bevorstehende Leben in Amerika.

Bei diesen Festen, die oft bis in die frühen Morgenstunden dauerten, gab es reichlich Essen und Trinken. Die Tische waren gedeckt mit Sodabrot, Sirupkuchen und Hafermehlkuchen, die eigens für die Reise zubereitet wurden, um die Auswanderer zu stärken. Dazu wurde Porter und ein wenig des traditionellen Poitín, eines irischen Vorläufers des Whiskeys, gereicht. Man sang Balladen und erzählte Geschichten, die von Abschied und Neuanfang handelten.

Freunde und Familie gaben den Reisenden auch symbolische Gaben mit auf den Weg: Weihwasser, Medaillen und Segenssprüche, die sie beschützen sollten. Der Abschied war lang und voller Emotionen – ein letzter Tanz und ein letzter Blick in vertraute Gesichter.

Wie so oft rankten sich auch um diese Gruppe von Auswanderern Geschichten und Vorahnungen. Delia McDermott etwa berichtete, dass sie wenige Tage vor der Abreise von einem Fremden angesprochen wurde, der ihr eine düstere Prophezeiung machte: Sie würde eine Reise antreten, die tragisch enden würde- Hunderte würden sterben, aber sie würde gerettet werden.

Auch bei der Abschiedsfeier der Familie Mahon ereignete sich ein seltsamer Moment. Delia Mahons älterer Bruder Pat las aus ihrer Teetasse – eine gängige Tradition, um einen Blick in die Zukunft zu werfen. Beim Anblick der Teeblätter sagte er ihr voraus, dass sie auf dem Weg nach Amerika einen Unfall erleiden und dabei ums Leben kommen würde.

LEIDER SOLLTE IHR BRUDER RECHT BEHALTEN, DENN DELIA MAHON KAM BEIM UNTERGANG DER TITANIC UMS LEBEN.

Diese Vorahnungen und Prophezeiungen verliehen dem Aufbruch eine besondere Schwere, auch wenn die Gruppe sich voller Zuversicht auf den Weg machte. Niemand ahnte, dass die meisten von ihnen ihr Ziel nie erreichen würden.

Am Morgen des 10. April 1912 machte sich die 14köpfige Gruppe aus Addergoole auf den Weg nach Castlebar, um von dort aus die lange Reise nach Queenstown (heute Cobh) anzutreten, wo sie am nächsten Tag an Bord der TITANIC gehen sollten. Die Reise begann mit einem Zug, der um 8:23 Uhr in Castlebar abfuhr und die Gruppe auf der sogenannten Midland Great Western Line nach Claremorris brachte. Dort wechselten sie den Zug, der sie über Limerick nach Cork und schließlich nach Queenstown führte. Die Fahrt dauerte insgesamt rund 14 Stunden.

In Queenstown angekommen, war es bereits spät. Die Gruppe musste eine Unterkunft für die Nacht finden, da die TITANIC erst am folgenden Tag eintreffen würde. Glücklicherweise gab es dort Bahnhofsbedienstete,

52

sogenannte „Läufer", die Reisende zu Unterkünften in der Stadt führten. Queenstown war zu dieser Zeit ein wichtiger Ausgangspunkt für die vielen Auswanderer, die ein neues Leben in Amerika suchten. Im Jahr 1912 brachen etwa 30.000 Menschen aus Irland in Richtung Amerika auf, und die Nachfrage nach Unterkünften in Queenstown war entsprechend hoch.

Die Stadt hatte sich im Laufe der Jahrzehnte durch dieses Geschäft stark entwickelt und bot zahlreiche Übernachtungsmöglichkeiten, die für viele Menschen erschwinglich waren.

Die „Addergoole 14" fand eine Unterkunft in der Nähe der St.-Coleman-Kathedrale. Am nächsten Morgen nutzten sie die Gelegenheit, vor ihrer Abreise mit der TITANIC eine Messe zu besuchen. Danach und nach einem guten Frühstück machten sie sich auf den Weg zum White Star Line Office. Dort warteten die Passagiere auf das Beiboot, das sie zur TITANIC bringen die etwa zwei Meilen vor der Küste vor Anker liegen würde.

Um 11:30 Uhr traf die Titanic in Queenstown ein und nahm insgesamt 113 Passagiere der Dritten Klasse an Bord.

In einem Artikel des „Cork Examiner" vom folgenden Tag beschrieb ein Reporter die Ankunft der TITANIC in Queenstown:

"Als man sie langsam, ein majestätisches Ungeheuer, in den Hafen treiben sah, schien es unwiderstehlich zu sein, ein seltsames Gefühl von Macht und Kraft durchdrang die

Szene... Was auch immer der moderne Reisende für Bedingungen in dem Schiff sucht, das er auswählt, um ihn sicher über die Ozeane zu tragen, er wird hier den Gipfel der Perfektion finden." [6]

Von hier legte die TITANIC am Donnerstag, den 11. April 1912 in Queenstown (heute Cobh) zu ihrer Jungfernfahrt ab. © Privatfotos Norbert Zimmermann

Die Passagiere warteten am Kai in der Nähe der Büros der White Star Line darauf, mit einem Beiboot zur TITANIC gebracht zu werden. Für viele der Anwesenden war es wahrscheinlich das erste Mal, dass sie das Meer, ein Beiboot oder ein so großes Schiff wie die TITANIC sahen.

---

[6] Cork Examiner, Freitag, den 12. April 1912

Kurz nach Mittag wurden die „Addergoole 14"
zusammen mit ihrem ganzen Gepäck mit einem der
Beiboote an Bord der TITANIC gebracht.

Vor der Abreise überprüften Ärzte den
Gesundheitszustand der Auswanderer. Sie suchten nach
Anzeichen von Krankheiten, um sicherzustellen, dass
die Passagiere gesund waren. Nur wenn jemand als
gesund galt, bekam er eine Bescheinigung, die dies
bestätigte. Diese Überprüfung fand auch bei der
Ankunft in Amerika statt.

Eine der Passagierinnen, Annie Jordan aus Lack,
Turlough, entschied sich, nicht zu reisen. Sie hatte einen
schlimmen Hautausschlag entwickelt und hatte Angst,
dass sie nicht einreisen dürfe. Dass sie ein unfassbares
Glück hatte, sollte sie einige Tage später erfahren…

Schon die Fahrt mit dem Beiboot war für die meisten
Dritte Klasse Passagiere eine einzigartige Erfahrung. Als
sie sich der riesigen TITANIC näherten, erschien sie
ihnen wie ein schwimmender Palast. Der Dritte Klasse
Passagier Edward Ryan erinnerte sich lebhaft daran:

*"Das Beiboot war wie ein Streichholz im Vergleich zum
Schiff... eine große Tür öffnete sich an der Seite und eine
Gangway wurde ausgefahren, damit wir alle an Bord gehen
konnten. Wir wurden zu unseren Kojen geführt und bekamen
den Speisesaal gezeigt. Wenig später wurde uns gezeigt, wo
wir Schwimmwesten und andere Rettungsmittel bekommen
konnten. Keiner von uns hätte je gedacht, dass wir sie bald
brauchen würden."* [7]

---

[7] 9. Juli 2002 Atlantic Bulletin/Journal der British Titanic Society

Als die TITANIC um 13:30 Uhr das letzte Mal den Anker lichtete, gingen viele Blicke der Auswanderer ein letztes Mal auf ihre Heimat Irland die sie für immer verlassen sollten. Auf dem Poopdeck spielte der Dudelsackspieler Eugene Daly aus Athlone „Erin`s Lament".

Die Tage an Bord der TITANIC waren für die Gruppe ein einmaliges Erlebnis das sie sehr genossen. Es gab regelmäßige Mahlzeiten im großen Speisesaal was für die meisten Passagiere des Zwischendecks völlig ungewohnt war. Ein wahnsinniger Luxus!

Nach dem Essen unternahmen sie einen Spaziergang auf dem Poopdeck, dem Bereich des Schiffes, der für die Dritte Klasse Passagiere bestimmt war. Auch der Aufenthaltsraum war ein großer Anziehungspunkt. Dort sprachen sie über ihre Pläne für die Zukunft, wie sich Annie Kate Kelly im Gespräch mit der „Chicago Herald" später erinnerte, das am 25. April 1912 erschien:

"Die jungen Mädchen sprachen darüber, was sie in Amerika tun würden, bevor sie heirateten. Das heißt, sie sprachen darüber, wenn sie nicht gerade lachend durch die Gegend wuselten und sich hier und da mit jedem anfreundeten und mit den Stewards scherzten". [8]

Das Ehepaar Catherine und John Bourke hatte viel zu besprechen und zu überlegen, wie es das Geld, das es besaß, möglichst gewinnbringend anlegen konnte.

---

[8] Annie Kate Kelly, Chicago Herald, 25. April 1912

Während der Reise sah Annie McGowan das Paar häufig tief in Gespräche vertieft.

Am Sonntag, den 14. Leerzeichen April 1912 fand am Abend eine Party in der Dritten Klasse statt. Bei Musik, Gesang und Tanz und vielen irischen Liedern wurde ausgelassen gefeiert. Nora Fleming feierte ihren 24. Geburtstag und sang viele irische Lieder. Nora soll eine wunderschöne Singstimme gehabt haben.

INTERESSANT IN DIESEM ZUSAMMENHANG IST, DASS NORA FLEMINGS GEBURTSDATUM EIGENTLICH DER 9. APRIL WAR UND NICHT DER 14. APRIL. DER 14. APRIL WAR IHR TAUFDATUM, WIE AUS IHREN TAUF- SOWIE IHREN GEBURTSUNTERLAGEN HERVORGEHT.

Auch Catherine Bourke gab eine Gesangseinlage und sang „Moonlight in Mayo". Annie McGowan erzählte später, dass John und Catherine Bourke an diesem Abend sehr glücklich waren und zusammen tanzten und sangen. Um 22:30 Uhr war die Party zu Ende und die meisten zogen sich in ihre Kabinen zurück.

Die Kollision mit dem Eisberg um 23:40 Uhr nahmen die meisten überhaupt nicht wahr:

„Die meisten Passagiere des Schiffes zogen sich zurück und ich lag im Bett und schlief tief und fest. Dass nicht alles in Ordnung war, merkte ich erst, als ein Steward an die Tür hämmerte und mich mit seinen Schreien weckte. Zusammen mit anderen Passagieren eilte ich hinaus. Auf den Decks waren hysterische und kreischende Männer und Frauen, aber die meisten nahmen die angebliche Gefahr als Scherz. Es

schien nichts Ernstes zu sein und ich ging zurück ins Bett. Kate Bourke konnte nicht schlafen, nachdem der Steward die Tür geöffnet hatte, auch nicht John, ihr Mann, Kate McGowan, Annie, ihre Nichte und überhaupt niemand von denen, die aus Mayo kamen, obwohl sie redeten und redeten und sich sagten, es sei nichts. Jemand sagte, lasst uns die Perlen sagen und sie standen alle auf und beteten den Rosenkranz und ihre Angst fiel von ihnen ab, und sie gingen wieder ins Bett." [9]

Delia McDermott schlief, als die TITANIC mit dem Eisberg kollidierte und bemerkte überhaupt nichts. Nachdem sie von einem Steward geweckt worden war, zog sie sich an und begab sich auf das Bootsdeck. Kurze Zeit später kam eine Stewardess ein zweites Mal zu der Gruppe:

"Wir wurden ein zweites Mal durch den Ruf einer Stewardess geweckt, die uns alle aufforderte, uns so schnell wie möglich anzuziehen, obwohl sie nicht erklärte, was das Problem war. Ich zog mich an und ging auf das zweite Deck. Annie McGowan war bei mir, als ich die Treppe hinaufging, aber sie wurde am Kopf der Treppe von mir getrennt und von dem Gedränge auf die andere Seite des Schiffes getragen. Ich habe sie erst wiedergesehen, als ich auf der Carpathia war. Auf der Seite, auf die ich getragen wurde, versuchten einige wild aussehende Männer, in die Boote zu stürmen, und die Offiziere und die Mannschaft schossen auf sie. Einige der Männer fielen. Andere wurden von den Offizieren zurückgeschlagen, die mit Pistolen auf sie schossen." [10]

---

[9] Annie Kate Kelly, Chicago Herald, 23. April 1912
[10] Delia McDermott, Chicago Herald, 23 April 1912

Sie gelangte früh in ein Rettungsboot. Als sie dort bemerkte, dass sie ihren kostbaren Hut zurückgelassen hatte, erinnerte sie sich daran, was ihre Mutter zu ihr gesagt hatte Komma raus und ging zurück, um ihn aus ihrer Kabine zu holen. Glücklicherweise gelang es ihr, in ein anderes Boot - Boot Nummer 13 – zu gelangen, indem sie fünfzehn Fuß von einer Strickleiter nach unten in das Rettungsboot sprang.

Auch Annie McGowan erinnerte sich viele Jahre später noch lebhaft an die Ereignisse dieser Nacht:

"Die Frauen wollten ihre Männer nicht verlassen. Sie schrien und ich hörte Schüsse im Hintergrund. Einige der Männer versuchten, sich als Frauen zu verkleiden, um gerettet zu werden und wurden erschossen. In ihrem Rettungsboot sagte ein Mann: "Lasst mich rein oder ich kippe das ganze Rettungsboot um! „Natürlich ließen wir ihn rein." [11]

Auch wenn es bestritten wurde, hatten die Passagiere aus der Dritten Klasse die geringsten Chancen auf Rettung, wie Annie Kate Kelly dem „Chicago Herald" am 25. April 1912 berichtete:

„Das Erste, was sie sahen, war, dass die Leute davon abgehalten wurden, die Treppe zum zweiten Deck hinaufzugehen. Man hatte Angst vor der Aufregung, die sie bei den Leuten da oben verursachen würden, die in den Rettungsbooten abhauen wollten und man hielt sie bis zum letzten Moment zurück." [12]

---

[11] Sarah Downey- A Tragedy`s Echo- Annie McGowan`s Geschichte, 2004, Magazin der Addergoole Titanic Society

[12] Annie Kate Kelly, Chicago Herald, 25. April 1912

Auch Margaret Mannion hatte ähnliche Dinge gesehen:

"Sie wurden von einer großen Schranke am Fuße einer Treppe aufgehalten, die verhindern sollte, dass sich die Passagiere auf den oberen Decks mischen, aber ein paar kräftige Kerle schafften es, die Schranke zu zerschlagen." [13]

Im Laufe der Nacht versammelten Pat Canavan und John Bourke die Gruppe, um sich auf das Bootsdeck zu begeben. Die beiden wussten, dass es eine Leiter zum Oberdeck gab zu der sie gehen mussten. Als Annie Kate Kelly auf diese Leiter zuging, nahm sie ein Steward, mit dem sie sich auf der Reise angefreundet hatte, an der Hand und brachte sie die Treppe hinauf, ohne dass ihn jemand aufhielt:

"Hier ist die Chance für Ihr Leben, Miss Kelly". Und als eines der Boote zu Wasser gelassen wurde, rief er:
"Lasst dieses Mädchen mitfahren. Sie haben noch Platz. Lasst sie rein" [14]

Annie Kate Kelly war später der festen Überzeugung, dass sie die letzte Frau war, die die sinkende TITANIC verließ:

"Ich bin mir sicher, dass ich die letzte Frau war, die die sinkende Titanic verließ und gerettet wurde. Wir standen in einer Menschenmenge auf dem zweiten Deck des Schiffes, das Wasser stand uns fast bis zu den Knien. Die Besatzung befahl

---

[13] Margaret Mannion, Irish Independent, 9. Mai 1912

[14] Annie Kate Kelly, Chicago Herald, 23. April 1912

60

mir, in das Boot zu steigen und sagte den anderen, sie sollten warten und das nächste Boot nehmen, das nicht sofort auslaufen würde. Es gab keine weiteren Boote und diese Menschen starben." [15]

Sie gelangte in Rettungsboot Nummer 16, das eines der letzten Boote war, das abgefiert wurde. In diesem Boot hatten zunächst auch Mary und Catherine Bourke einen Platz gefunden. Aber als John Bourke als Mann ein Platz im Boot verweigert wurde, stiegen die beiden Frauen wieder aus, denn sie wollten John nicht zurücklassen. Das war ihr sicheres Todesurteil.

"Ich wäre nicht gerettet worden, wenn sich nicht Mrs. Bourke geweigert hätte, ihren Mann zu verlassen" [16]

Neben den Bourkes stand auch James Flynn, der beim Herablassen der Boote zurückgedrängt worden war.

„Sie stießen den kleinen Flynn zurück und fuhren weg. Es war erbärmlich, dass sie ihn nicht im Rettungsboot bleiben ließen, es war nicht voll." [17]

Pat Canavan, der die Gruppe von Frauen zum Bootsdeck gebracht hatte, stand hinter dem vierten Schornstein und in der Nähe des Hecks.

---

[15] Annie Kate Kelly, Chicago Herald, 23. April 1912

[16] Annie Kate Kelly, Chicago Herald, 23. April 1912

[17] Annie Kate Kelly, Chicago Herald, 23. April 1912

„Ich schaute nach oben und sah meinen Cousin. Er hielt einen Rosenkranz in der Hand und segnete mich damit. Er war einer der vielen, die untergingen."[18]

Mary Mangan und Mary Canavan schafften es zwar mit der Gruppe auf das Bootsdeck, dort aber verliert sich ihre Spur für immer. Ebenso erging es Nora Fleming.

Annie McGowan schaffte es mit Hilfe eines Matrosen, mit dem sie sich angefreundet hatte, in Rettungsboot Nummer 13. Sie machte sich große Sorgen um ihre Tante Catherine, die zuvor bei den Bourkes gewesen war und wurde von einem Steward beruhigt, der ihr versicherte, dass sie sich in einem anderen Rettungsboot befände.

Von ihrem Rettungsboot aus beobachtete Annie wie die TITANIC unterging:

„Da fing das ganze Geschrei an. Es war einfach so schrecklich. Durch das Salzwasser und den Wind begannen meine Augen zu bluten. Die Schreie der Passagiere, die auf den Decks zurückgeblieben waren, trieben über das Wasser." [19]

Ihre geliebte Tante sah Annie McGowan nie wieder und sie glaubte, dass das Rettungsboot, in dem sich ihre Tante mutmaßlich befunden haben könnte, in einen Strudel gesogen wurde, der beim Untergang der TITANIC entstand. Das berichtete sie dem „Chicago

---

[18] Annie Kate Kelly, Chicago Herald, 23. April 1912

[19] Waking the Titanic-TV-Dokumentation 2012, Director Franics Delaney

Herald" in der Ausgabe vom Dienstag, den 23. April 1912

"Wir wurden hinuntergelassen und die Besatzung begann, das Rettungsboot wegzuziehen. Kaum zwei Minuten später sah ich zwei weitere Boote, die uns folgten. Ich konnte sie nur schemenhaft erkennen, als die Lichter auf dem Schiff plötzlich ausgingen. Dann sah ich, wie die beiden Boote in ihrem Kielwasser zurückgezogen wurden. Die Ruderer bemühten sich sehr, sie wegzuziehen, aber es war zu spät. Die beiden Boote gingen im Sog der Titanic unter, als diese auf den Grund sank." [20]

Von der 14-köpfigen Gruppe aus Addergoole überlebten nur drei den Untergang der TITANIC: Annie McGowan, Annie Kate Kelly und Delia McDermott. Die übrigen elf Mitglieder der "Addergoole 14" verloren ihr Leben, als das riesige Schiff sank.

Als die drei mit den anderen Überlebenden der Katastrophe an Bord der CARPATHIA gehievt wurden, stand dort alles für sie bereit: trockene Kleidung, Decken, Betten, heißer Tee, Kaffee und Spirituosen.

Der „Chicago Herald" berichtete in seiner Ausgabe vom Dienstag, den 23. April 1912 über Annie Kate Kelly:

„Annie Kate wusste nichts davon, als sie über die Bordwand der ‚Carpathia' gezogen wurde. Sie schütteten Whiskey und Brandy in sie hinein und begruben sie in Decken und Wärmflaschen, so durchgefroren war sie." [21]

---

[20] Annie McGowan, Chicago Herald, 23. April 1912

[21] Chicago Herald, 23. April 1912

Als die CARPATHIA am Donnerstag, den 18. Leerzeichen April 1912, gegen Abend in New York ankam, befanden sich auch Angehörige der Addergoole-Gruppe in der wartenden Menge.

Catherine Fleming wartete dort vergeblich auf ihre Schwester Nora, während Anthony Flynn vergebens auf seinen Bruder James und Mary Canavan wartete. Ob noch andere Angehörige der „Addergoole 14" vor Ort waren, ist nicht bekannt.

Anthony Flynn war verzweifelt und wandte sich an das Rote Kreuz, um Hilfe bei der Bergung der Leiche seines Bruders zu erhalten. Doch die Bemühungen blieben ohne Erfolg. Sollte James Flynn jemals gefunden worden sein, blieb er unidentifiziert.

Die White Star Line veröffentlichte eine Liste der Passagiere, die auf dem Zwischendeck der TITANIC reisten. Doch trotz dieser Veröffentlichung blieb jedoch unklar, wer genau zur Addergoole-Gruppe gehörte. Erst durch einen Brief, den Annie Kate Kelly kurz vor ihrer Reise an ihre Cousine Mrs. Garvey geschickt hatte, konnte ein Teil der Identität dieser Gruppe ermittelt werden. Dies berichtete die Zeitung „Chicago Inter Ocean" am Freitag, den 19. April 1912.

"Ich komme mit dem schönsten Schiff der Welt nach Amerika. Und ich komme auch mit einigen der nettesten Menschen der Welt. Ist das nicht einfach herrlich? Sie beschrieb ihrer Cousine diese neu gefundenen Freunde und fuhr fort: "Sie leben in Chicago und ich werde die ganze Reise mit ihnen

machen können. Sie haben mir alles über Chicago erzählt und ich weiß, dass es mir dort viel besser gefallen wird als in Irland."[22]

In dem Zeitungsbericht heißt es weiter:

"Aus dem Brief geht hervor, dass die Burkes zuvor in St. Louis gelebt hatten und dass Miss Manion (Mary Managan, Anm. des Autors) seit einiger Zeit bei ihnen zu Hause war. Offensichtlich waren sie erst vor kurzem nach Chicago gezogen, was das Fehlen einer Anfrage bei den Büros der White Star Company erklären könnte."

Die Schwester von Catherine Bourke, Ellen McHugh, hatte im White Star Office in Chicago angerufen und dort die traurige Nachricht von den vielen Toten aus Lahardane erfahren.

Edward Mangan wandte sich am Freitag, den 19. April, ebenfalls an das Büro der White Star Line um sich nach seiner Schwester Mary zu erkundigen, da sie sowohl auf der Liste der Überlebenden als auch auf der Liste der Toten zu finden war.

Am Sonntag, den 21. April 1912, berichtete die „Chicago Tribune" davon:

"Es ist schwer, hier zu sitzen und zu warten, fast eine Woche, nachdem die Titanic gesunken ist und nicht zu wissen, ob sie lebt oder tot ist. Es kann sein, dass sie mir telegrafiert hat und die Nachricht mich nicht erreicht hat." [23]

---

[22] Chicago Inter Ocean, 19. April 1912

[23] Chicago Tribune, 21. April 1912

Die Leiche von Mary Mangan wurde am Montag, den 22. April, gefunden. Es war die 61. Leiche, die aus dem Wasser geborgen wurde und sie konnte recht einfach anhand des Schmucks in ihren Sachen identifiziert werden. Sie hatte eine Golduhr bei sich, die ein Foto von ihr enthielt und ihren Namen „M. Mangan" innen und außen eingraviert hatte. Außerdem hatte sie ihren Verlobungsring am Finger, der in der Liste der geborgenen Sachen geführt wurde. Später war dieser Ring allerdings nicht mehr vermerkt worden und blieb für immer verschwunden.

Sie wurde auf See in ihrer Kleidung bestattet und ihre persönliche Habe wurde an die Familie übergeben.

Die Leichen der übrigen Mitglieder der Addergoole-Gruppe wurden nie gefunden.

Annie Kate Kelly und Annie McGowan wurden nur mit ihren Nachthemden, gespendeten Schuhen und Mänteln und etwas Geld für ihre unmittelbaren Bedürfnisse ins St. Vincent Hospital in New York gebracht.

Weder Annie McGowan noch Annie Kate Kelly wussten von der Rettung der jeweils anderen, bis sie sich im Krankenhaus wiedertrafen und dachten, sie wären die einzigen aus ihrer Gruppe die überlebt hätten. Zu diesem Zeitpunkt wussten sie noch nicht, dass auch Delia McDermott eine der Überlebenden der Tragödie war.

Annie McGowan konnte nicht sagen, wie sie gerettet wurde, aber im Jahre 1984 erzählte sie dem „Chicago Herald" von ihrer Rettung:

"Ich war jung und flink wie ein Hase, und als der Ruf kam, dass alle an Deck gehen sollten, rannte ich los, um zu sehen, was los war und so wurde ich gerettet."[24]

Während ihres Aufenthalts im St. Vincent Hospital wurde Annie Kate Kelly ihren Angaben zufolge gezwungen, eine Verzichtserklärung auf Schadensersatz für die White Star Line zu unterzeichnen, wie sie in einem Interview mit dem „Chicago Herald" in der Ausgabe von Dienstag, den 23. April 1912, berichtete:

"...In einem halbbewussten Zustand führte ein Dampferagent ihre unsichere Hand, nachdem er ihr erklärt hatte, dass es sich bei dem Papier, das sie unterschrieb, um ein Eisenbahnticket nach Chicago handelte .Erst als ich das Krankenhaus verließ, erfuhr ich, dass ich unwissentlich ein Papier unterzeichnet hatte, das die Gesellschaft von allen Schadensersatzansprüchen befreite." [25]

Auch das „Chicago Daily Journal" berichtete am Mittwoch, den 24. April 1912, davon:

" Heute Morgen fand ich 25 Dollar an meine Unterwäsche geheftet. Ich hatte es vorher nicht bemerkt, und es fiel mir sofort wieder ein, dass ich im Krankenhaus eine Art Papier unterschrieben hatte. Ich dachte, ich würde mein Ticket nach

---

[24] Chicago Herald, 1984

[25] Chicago Herald, 23. April 1912

Chicago unterschreiben. Vier Männer kamen an mein Bett und forderten mich auf, etwas zu unterschreiben. Ich konnte nicht schreiben, obwohl ich mich selbst nicht mehr spüren kann. Sie zeigte mir die geschwollenen, violetten Hände und Arme. Einer von ihnen hielt meine Hand, während ich schrieb. Ich war so müde, dass selbst das eine Anstrengung zu sein schien. Dann steckte mir einer der Männer etwas an die Kleidung. Ich wunderte mich, warum es vier Männer waren, aber sie sagten, sie seien gute Zeugen... Aber ich ging nicht so schnell, wie ich dachte. Anscheinend gab es ein Missverständnis, weil die Dampfschifffahrtsgesellschaft die Schwestern des St. Vincent's Hospitals, in das ich gebracht wurde, für meine Behandlung bezahlte. Als ich endlich abreiste, war es schrecklich, krank auf die Reise zu gehen, aber noch schlimmer war es, fast ohne Kleidung zu sein. Ich hatte ein einfaches Unterkleid, meine Schuhe und Strümpfe und einen Mantel, den meine Mutter in Irland für mich gekauft hatte. Ich hatte keine Ärmel und man konnte meine nackten Arme sehen... Eine Schauspielerin, Miss Stella Donnelly aus Cincinatti, zog einen Teil ihrer Kleider aus und gab sie mir und ein anderes Mädchen, Miss Annie McGowan, die als einziges von siebzehn Mädchen aus dem Zwischendeck gerettet wurde, schnitt die Taille ihres Kleides ab und gab mir den Rock." [26]

Delia McDermott blieb nach der TITANIC-Katastrophe an der Ostküste der USA und gab keine Interviews an die Presse. Anstatt nach Missouri zu reisen, wie ursprünglich geplant, suchte sie Zuflucht in New York, wo sie wahrscheinlich in einer Unterkunft untergebracht war. Während dieser Zeit erhielt sie finanzielle Hilfe

---

[26] Chicago Daily Journal, 24. April 1912

vom Roten Kreuz, um die schwierige Situation zu bewältigen.

Nach der Tragödie wurden Annie McGowan und Annie Kate Kelly aus dem Krankenhaus entlassen. Sie reisten mit dem Zug nach Chicago, wo sie am Bahnhof von Dr. Mary O'Brien-Porter empfangen wurden, einer Vertreterin der Women's League. Dr. O'Brien-Porter wandte sich an den Bürgermeister von Chicago und bat um Spenden für die Überlebenden der Katastrophe.

In den folgenden Tagen und Wochen wurden Annie McGowan und Annie Kate Kelly von Reportern des Chicago Heralds bedrängt, die Informationen über die Katastrophe sammeln wollten. Annie Kate Kelly gab schließlich ein Interview für die Zeitung. Annie McGowan hingegen zog es vor, sich zurückzuziehen und ging zu ihrer Tante, Maggie McDermott. Sie sprach erst 1984 öffentlich über ihre Erlebnisse, als sie ihrer Urenkelin Kris Kropp, einer Journalistin, ein Interview gab.

Annie McGowan hatte durch die schreckliche Erfahrung auf der TITANIC, bei der sie nicht nur ihre Tante, sondern auch viele ihrer Freunde verlor, einen schweren Nervenschock erlitten. Der „Chicago Herald" berichtete darüber in seiner Ausgabe vom 28. April 1912 und machte so auf das Trauma aufmerksam, dass viele Überlebende erlitten hatten.

"Sie (die McDermotts, Anm. des Autors) können Annie McGowan kein Wort über irgendetwas sagen, was passiert ist. Sie fürchten, dass das Kind den Verstand verliert und Mrs. McDermott weint oder schluchzt nicht, auch wenn ihr das

Herz zerspringen sollte und stellt auch keine Fragen wie Kate gestorben ist und was sie gesagt hat, sondern sie muss lächeln und fröhlich sein, aus Angst, dass das Kind den Verstand verliert. Sie haben die ganze Zeit den Doktor für sie und es ist ein trauriges Haus, das die McDermotts heute und an allen Tagen haben" [27]

Auch Annie Kate Kelly ging es nicht viel besser, wie der „Chicago American" am Freitag, den 25. April berichtete:

"Dr. Thomas J. O`Malley, der Annie Kate Kelly behandelte, war der Meinung, dass sie aufgrund der erschütternden Erfahrungen, die sie beim Untergang des Schiffes machte, nie wieder normal sein würde." [28]

In Lahardane dauerte es eine ganze Woche, bis die Menschen erfuhren, was passiert war. Fünf Tage nach dem Vorfall gab es zwar bereits erste Gerüchte, doch diese Informationen waren oft ungenau und übertrieben.

Erst nachdem alle Namen bei den Behörden in New York eingegangen waren, konnten die Informationen klarer werden. Es dauerte acht oder neun Tage, bis eine Familie die traurige Nachricht erhielt, dass ihr Kind nicht nach Amerika gelangt war.

Die lokalen Zeitungen berichteten bis weit in den Mai hinein über die Tragödie. Besonders erschütternd war ein Artikel, der am Samstag, den 4. Mai 1912, in der

---

[27] Chicago Herald, 28. April 1912
[28] Chicago American, 25. April 1912

Zeitung „The Western People" erschien. Darin wurde der Verlust von John und Catherine (McHugh) Bourke sowie ihrer Kinder Mary Bourke, Nora Fleming und Mary Mangan aus dem Dorf Carrowskeheen thematisiert:

OPFER DER TITANIC-KATASTROPHE IN LAHARDANE.

„Einer der traurigsten Anblicke, den man im Westen Irlands je erlebt hat, war der Tod von fünf jungen Mädchen und einem jungen Mann aus einem Dorf in der Nähe von Lahardane, die alle aus demselben Dorf stammten, und als die erste Nachricht von der schrecklichen Katastrophe ihre Freunde erreichte, wurde die ganze Gemeinde in unerträgliche Trauer gestürzt. Eine Zeit lang hegten sie die entfernte Hoffnung, dass sie gerettet werden könnten, doch als die gefürchtete Nachricht von ihrem schrecklichen Schicksal eintraf, machte sich ein Gefühl unerträglicher Angst breit. Zwei Tage und zwei Nächte lang wurden Totenwachen abgehalten. Das Foto jedes Opfers wurde auf das Bett gelegt, auf dem es geschlafen hatte, bevor es Heim und Verwandtschaft verließ. Die Betten wurden mit schneeweißen Steppdecken bedeckt und ringsherum wurden zahlreiche Kerzen angezündet. Das Wehklagen und Stöhnen der Menschen war sehr erschütternd und hätte fast einem Stein eine Träne entlockt." [29]

Annie McGowan hatte es nicht leicht. Nach einem schweren Trauma benötigte sie sehr lange, um wieder ein normales Leben führen zu können. Doch sie gab nicht auf. Schließlich besuchte sie eine

---

[29] The Western People, 4.Mai 1912

Sekretärinnenschule und fand einen Job. In dieser Zeit lernte sie auch ihren Mann kennen. Zusammen bekamen sie drei Töchter. Annie lebte ein erfülltes Leben und erreichte ein hohes Alter. Am Dienstag, den 30. Januar 1990, starb sie im Alter von 95 Jahren in Chicago.

Delia McDermott lernte in Amerika ihren zukünftigen Mann John Lynch kennen. Sie lebten in New Jersey, wo John sein Leben lang für die Central Jersey Eisenbahn arbeitete. Das Paar hatte drei Kinder. Delia war eine eher zurückhaltende Person. Sie betrieb eine Pension in der Union Street und war bekannt dafür, früh aufzustehen, um zur Frühmesse zu gehen. Um ihr Zuhause kümmerte sie sich liebevoll und sie ging nicht gerne aus. Über die TITANIC sprach Delia zeitlebens nie mehr. Sie starb am Dienstag, den 3. November 1959, im Alter von 78 Jahren in New Jersey.

Annie Kate Kelly zog zu ihren Schwestern, um die dramatischen Erinnerungen zu verarbeiten. Nach einiger Zeit fand sie einen Job als Modistin und lebte neun Jahre lang in Chicago. Die Tragödie auf der TITANIC veränderte ihr Leben völlig. Sie fühlte sich berufen, ihr Leben Gott zu widmen und wurde schließlich Nonne. Unter dem Namen Schwester Patrick Joseph unterrichtete sie viele Jahre lang an verschiedenen Schulen im Großraum Chicago. Viele ihrer Schüler blieben bis zu ihrem Tod mit ihr in Kontakt. Annie starb am Sonntag, den 28. Dezember 1969, im Alter von 77 Jahren.

In Lahardane wurde viele Jahrzehnte lang nicht über die Tragödie der TITANIC gesprochen. Dadurch geriet das Schicksal der sogenannten „Addergoole 14" in

Vergessenheit. Erst vor einigen Jahren lebte die Erinnerung an die 14 jungen Menschen wieder auf, die nach Amerika aufbrachen und am 15. April 1912 beim Untergang der TITANIC ihr Leben verloren.

Inzwischen findet jährlich in der Nacht des 14. auf den 15. April in Lahardane eine Gedenkfeier statt.

Um 2:00 Uhr läuft dabei ein Kerzenumzug durch das Dorf bis zur Ortskirche St. Patrick, wo eine kleine Gedenkzeremonie abgehalten wird. Um genau 2:20 Uhr, dem Zeitpunkt des Untergangs der TITANIC, läuten dann die Nachfahren der „Addergoole 14" die Glocke 14-mal, um an das tragische Schicksal ihrer Vorfahren zu erinnern.

Auch wurde der Addergoole Titanic Memorial Park errichtet, um an die 14 Menschen aus ihrer Mitte zu erinnern, die am 11. April 1912 in Queenstown (heute Cobh) an Bord der TITANIC gingen.

Die Addergoole 14 waren:

MR. JOHN BOURKE, 42 JAHRE

MRS. CATHERINE BOURKE, 32 JAHRE

MISS MARY BOURKE, 40 JAHRE

MISS MARY CANAVAN, 22 JAHRE

MR. PATRICK CANAVAN, 21 JAHR

MISS BRIDGET DONOHOE, 21 JAHRE

MISS HONOR FLEMING, 22 JAHRE

MR. JAMES FLYNN, 28 JAHRE:

MISS ANNA KATHERINE KELLY, 20 JAHRE

MISS BRIDGET DELIA MAHON, 20 JAHRE

MISS MARY MANGAN, 32 JAHRE

MISS BRIDGET DELIA MCDERMOTT, 31 JAHRE

MISS CATHERINE MCGOWAN, 42 JAHRE

MISS ANNA LOUISE, MCGOWAN, 17 JAHRE

Ihnen ist dieses Kapitel gewidmet.

AUGUST WENNERSTRÖM- DER POLITISCH VERFOLGTE AUS SCHWEDEN

Anfang des 20. Jahrhunderts gab es in vielen Ländern große gesellschaftliche Unterschiede – auch in Schweden. Vor allem die Arbeiterklasse hatte wenige Rechte und lebte oft unter schwierigen Bedingungen. In dieser Zeit begannen sozialistische und kommunistische Bewegungen an Einfluss zu gewinnen. Sie setzten sich für mehr Gerechtigkeit und bessere Lebensbedingungen der arbeitenden Bevölkerung ein.

Ein junger Mann, der in dieser Bewegung aktiv war, war der 27-jährige Sozialist August Edvard Andersson. Schon als junger Mann war er politisch interessiert und wurde Mitglied eines sozialdemokratischen Jugendclubs, wo er begann, sich für die Rechte der Arbeiter einzusetzen.

Zu seinen Aktionen gehörte die Veröffentlichung einer Zeitschrift mit dem Titel *Gula Faran* („Die gelbe Gefahr") im Jahr 1905. Diese Publikation erregte großes Aufsehen und führte dazu, dass August Ärger mit den schwedischen Behörden bekam. In dieser Zeitschrift kritisierte er König Oscar II. scharf und nannte ihn den „König der Diebe". Auch das Christentum verspottete er in seinen Texten, was viele Menschen empörte und die Aufmerksamkeit der Regierung auf ihn zog.

August Edvard Anderssons Aktivitäten spiegelten den gesellschaftlichen Wandel in Schweden wider.

Seine Kritik an der Obrigkeit und seine Forderung nach sozialen Reformen waren typisch für die damalige Zeit, in der sich viele Menschen gegen die herrschenden Verhältnisse auflehnten und eine gerechtere Gesellschaft forderten.

August Wennerström, 22 Jahre alt (1906). © Gemeinfrei

Einige, nicht sozialistische Zeitungen schlugen daraufhin zurück was schließlich zu einem gerichtlichen Prozess führte, in dessen Fokus die Pressefreiheit stand. Zu seinem Glück übernahm am Ende eine andere Person die Verantwortung für die umstrittene Veröffentlichung von „Gula Faran" und August wurde freigesprochen.

Kurz nach dem Prozess zog er nach Karlstadt und wurde in den Vorstand der Zeitung *Värmlands Folkblad* gewählt. In den Jahren 1907 und 1908 übernahm er vorübergehend die Rolle des Herausgebers, bis er von Ivar Vennerström abgelöst wurde. Anschließend arbeitete er in verschiedenen Druckereien und Zeitungen in Skåne, einer Region im Süden Schwedens.

Die Erfahrungen der letzten Jahre belasteten ihn jedoch stark. Nach den Kontroversen um „Gula Faran" und durch die finanziellen Schwierigkeiten, die ihn in seinen beruflichen Stationen begleiteten, fasste er einen radikalen Entschluss: Da er auch auf der „schwarzen Liste" Schwedens stand und es kaum noch Perspektiven für ihn gab, plante er seine Auswanderung nach Amerika.

Um seine Identität zu verschleiern, nahm er den Namen seines Freundes und Nachfolgers beim *Värmlands Folkblad*, Ivar Vennerström, an. Er änderte jedoch das „V" zu einem „W" und nannte sich fortan August Wennerström.

(Ivar Vennerström war übrigens von 1932-1936 schwedischer Verteidigungsminister)

Im Frühjahr 1912 war alles vorbereitet. August reiste zunächst mit dem Zug nach Kopenhagen, dann mit dem Schiff und der Fähre weiter nach England, bis er schließlich in Southampton ankam. Dort, am Mittwoch, dem 10. April 1912, bestieg er als Passagier der Dritten Klasse unter der Ticketnummer 350043 die TITANIC.

Da sehr viele Schweden mit der TITANIC reisten (123 Schweden waren an Bord, davon 112 in der Dritten Klasse), fand August sehr schnell Anschluss und freundete sich mit einigen seiner Landsleute an Bord an.

Seine Kabine teilte er mit seinen Landsleuten Carl Olof Jansson und Gunnar Isidor Tenglin, die beide über Esbjerg nach Southampton gereist waren.

Alles verlief in ruhigen und in geordneten Bahnen, bis die TITANIC den Eisberg rammte.

Im Laufe der Nacht brachte er einige schwedische Mädchen zu den Booten, bevor er in den Rauchsalon der Dritten Klasse zurückkehrte:

„Wir wollten etwas zu trinken haben, aber die Bar war geschlossen. Da wir sonst nichts zu tun hatten, holten wir einen, der Klavier spielen konnte und begannen zu tanzen. Inzwischen kamen fünfzig italienische Auswanderer hinein. Sie hatten Schwimmwesten umgelegt und trugen ihr Gepäck in Bündeln auf dem Rücken. Sie benahmen sich wie verrückt - hüpften umher und riefen ihre „Madonna" an. Wir stellten uns im Kreis um sie auf und tanzten um sie einen Reigen." [30]

Nach einiger Zeit trafen weitere Landsleute von Wennerström im Rauchsalon ein:

„Einer unserer Freunde, ein Mann namens Johan Lundahl, der zu Besuch in der alten Heimat war und in die Vereinigten

---

[30]Quelle: townepost.com/indiana/lakes-region/unsinkable-memories-titanic

Staaten zurückkehrte, sagte zu uns: „ Auf Wiedersehen Freunde, ich bin zu alt, um den Atlantik zu bezwingen". Er ging in den Raucherraum und wartete dort auf einem Stuhl auf seinen letzten Aufruf. [Johan Lundahl aus Fyrnan in Schweden ging im Alter von 50 Jahren mit der TITANIC unter, Anm. des Autors] *Das tat auch eine englische Dame. Sie setzte sich ans Klavier und spielte mit ihrem Kind auf dem Schoß Klavier, bis der Atlantik sie beide ins Grab rief."*[31]

August Wennerström beschloss, alles in seiner Macht Stehende zu tun, um diese Nacht zu überleben und so bahnte er sich kurz darauf seinen Weg aus dem Zwischendeck nach oben.

Das Heck der TITANIC begann sich bereits aus dem Wasser zu heben:

„Das Wasser stieg jetzt schneller als vorher und die Menschen versuchten auf dem Deck, das immer steiler anstieg, nicht abzurutschen."[32]

August und Gunnar Isidor Tenglin trafen auf dem Bootsdeck auch das Ehepaar Edvard und Gerda Lindell aus Helsingborg, mit denen sich August während der Reise angefreundet hatte. Die beiden gehörten zu der riesigen Gruppe an Dritte Klasse Passagieren, die erst in den letzten Momenten des Schiffes auf dem Bootsdeck erschien. Zu lange hatte es für die meisten Passagiere des Zwischendecks gedauert, bis sie sich nach oben auf

---

[31]Quelle: www.encyclopedia-titanica.org-August Wennerström

[32]Quelle: www.encyclopedia-titanica.org-August Wennerström

das Bootsdeck gekämpft hatten. Die meisten Boote waren bereits abgefiert!

Als die TITANIC immer schneller im Nordatlantik versank, kämpfte sich die Gruppe um August Wennerström, Edvard und Gerda Lindell und Alfred Tenglin, das schräg abfallende Deck hinauf. Die Neigung des Schiffs wurde immer steiler, sodass sie schließlich nur noch an den Händen Halt fanden und in die Nähe eines der letzten Rettungsboote, Faltboot A, schließlich zurückrutschten.

Hier stießen sie auf Alma Pålsson und ihre vier Kinder – Torborg Danira (8), Paul Folke (6), Stina Viola (3) und Gösta Leonard (2). Die Familie hatte es nicht rechtzeitig an Deck geschafft, weil es schlichtweg zu lange gedauert hatte, die kleinen Kinder anzuziehen und für die Flucht vorzubereiten.

Als die TITANIC endgültig unter der Wasseroberfläche verschwand, versuchte August Wennerström zwei der Pålsson-Kinder festzuhalten. Doch als das eiskalte Wasser über das Deck schwappte, verlor er den Griff und musste die Kinder loslassen. Alma Pålsson und ihre vier Kinder überlebten den Untergang der TITANIC nicht.

August und die anderen stürzten schließlich in das eiskalte Wasser des Nordatlantiks. Die beiden Lindells erreichten das halb geflutete Faltboot A das vor dem Untergang nicht mehr richtig abgefiert werden konnte und deshalb zu sinken begann. Aber das Boot kenterte und sie fielen hilflos zurück ins Wasser.

August Wennerström und Edvard Lindell schafften es unter größten Anstrengungen das Boot erneut zu erreichen und sich festzuhalten. Gerda Lindell hingegen war zunächst verschwunden.

Im Wasser entdeckte Wennerström schließlich Gerda, die verzweifelt versuchte, das Boot zu erreichen. Sie streckte ihm ihre Hand entgegen, doch die eisige Kälte hatte Wennerström so sehr geschwächt, dass er ihr nicht mehr helfen konnte.

„Ich weiß nicht wie lange ich von dem Boot weg war. Als ich es wieder erreicht hatte war es voller Wasser. Mein Freund, Mr. Lindell, war ebenfalls hineingeklettert. Ich sah Mrs. Lindell im Wasser und ergriff ihre Hand, aber ich hatte nicht die Kraft sie ins Boot zu ziehen. Mr. Lindell sah starr nach vorne. Er rührte sich nicht und sagte kein Wort. Er war erfroren. Nach einer halben Stunde ließen meine Kräfte nach und ich musste zusehen, wie Mrs. Lindell unterging.“ [33]

Die Leichen des Ehepaares Lindell wurden niemals gefunden. Wahrscheinlich wurde Edvards Leiche über Bord den Fluten übergeben, um das instabile Boot leichter zu machen. Der Ehering von Gerda Lindell wurde von der Besatzung der OCEANIC am Montag, den 13. Mai 1912, gefunden, als Faltboot A, das nicht von der CARPATHIA aufgenommen wurde, im Nordatlantik eher zufällig ausfindig gemacht wurde.

---

[33] Titanic-Dem Mythos auf der Spur- TV-Dokumentation, Discovery Channel 1999

Laut August Wennerström hatte Edvard Lindell den Ring seiner Frau in seiner Hand, als er starb. Dann scheint er in das Boot zurück gefallen zu sein, als man ihn aus dem Boot hievte.

Edvard und Gerda Lindell © Sammlung des Autors

Obwohl das Boot einen Monat lang herumgetrieben war, blieb der Ring auf wundersame Weise im Boot und wurde mit nach New York genommen, wo die Angestellten der White Star Line damit begannen, ihn zu identifizieren.

82

Man stellte fest, dass der Ring einer „Frau Gerda Lindell gehörte" und so wurde er an das schwedische Konsulat in New York geschickt.

Das von der OCEANIC am 13. Mai 1912 gefundene Faltboot A der TITANIC. © Gemeinfrei

Die Passagierliste wies aber eine Passagierin des Namens „Elin Lindell" auf. Es war jedoch nicht zu erkennen, dass tatsächlich eine Elin Gerda Lindell auf der TITANIC war: *„Und daher bitten wir Sie, uns zu helfen, indem sie uns erlauben, ihnen diesen Ring zu übergeben, vorausgesetzt, dass Sie damit einverstanden sind, diese Angelegenheit zu untersuchen und falls die Besitzansprüche zu ermitteln sind, den rechtmäßigen Besitzer ausfindig zu machen und über ihre Niederlassung in Schweden Frau Lindell ihr Eigentum auszuhändigen."*

Der Brief war vom Freitag, den 7.Juni 1912 und das Briefpapier der White Star Line (es hatte noch immer sowohl die OLYMPIC als auch die TITANIC im Briefkopf) enthielt den Ring. Tatsächlich handelte es sich um zwei ineinander geschmiedete Ringe mit der Gravur auf der Innenseite. Ein paar Wochen später kam der Brief mit dem Appell des Ministeriums für Auswärtige Angelegenheiten in Stockholm an um den Besitzer über eine Veröffentlichung in einigen Zeitungen ausfindig zu machen. Ihr Bruder Nils Nilsson war bei der schwedischen Reichsbahn beschäftigt und pendelte zwischen Malmö und Göteborg. Eines Tages, als er in Göteborg war, bemerkte er in einer Zeitung den Aufruf. Er wurde aufmerksam und zeigte den Artikel seinen Eltern. Im Juli 1912 erhielt Gerdas Vater Nils Persson in Gantorfa als nächster Verwandter den Ring.

Der Ehering von Gerda Lindell wurde während der Titanic-Ausstellung 2010 in Wiesbaden präsentiert © privates Foto des Autors

Die Nacht im eiskalten Nordatlantik war schier endlos und für die Überlebenden in den Rettungsboten der blanke Horror wie sich August Wennerström später erinnerte:

„Das ganze Gefühl hatte uns verlassen. Wenn wir wissen wollten, ob wir noch Beine (oder ein anderes Teil) hatten, mussten wir mit der Hand ins Wasser tasten. Die einzige Übung, die wir bekamen, war, wenn jemand die Hoffnung aufgab und starb, den wir sofort über Bord warfen, um den Lebenden ein wenig mehr Platz zu geben und gleichzeitig das Gewicht des Bootes zu verringern." [34]

Doch irgendwie schaffte er es diese furchtbare Nacht zu überleben und von der CARPATHIA gerettet zu werden.

INTERESSANTER FAKT AM RANDE: SOWOHL AUGUST WENNERSTRÖM, ALS AUCH SEINE KABINENNACHBARN CARL OLOF JANSSON UND GUNNAR ISIDOR TENGLIN ÜBERLEBTEN DEN UNTERGANG DER TITANIC! DAS IST BEI DER HOHEN OPFERZAHL DER DRITTEN KLASSE SEHR BEMERKENSWERT. ES EXISTIERT IM ÜBRIGEN NOCH EIN ERINNERUNGSFOTO MIT AUGUST WENNERSTRÖM, GUNNAR TENGLIN, CARL OLOF JANSSON, JOHN CHARLES ASPLUND SOWIE EINAR KARLSSON, DIE ALLESAMT ALS PASSAGIERE DER DRITTEN KLASSE DEN UNTERGANG DER TITANIC ÜBERLEBTEN.

Nach seiner Ankunft in New York wurde August Wennerström von der „Brooklyn Daily Eagle" interviewt. Das Interview wurde am Freitag, den 19. April 1912, veröffentlicht.

---

[34] Quelle: www.encyclopedia-titanica.org-August Wennerström

Darin berichtete Wennerström, wie er den Untergang der TITANIC überlebt hatte.

In New York fand er vorerst Unterkunft in der Kadettenschule der Heilsarmee. Während dieser Zeit sorgte er für Aufsehen, als er ein lutherisches Einwandererheim der Unterschlagung beschuldigte.

Von der Heilsarmee erhielt er eine Unterstützung in Höhe von 25 Dollar und ein Zugticket. Das Rote Kreuz stellte ihm zusätzlich 100 Dollar zur Verfügung. Mit dieser finanziellen Hilfe konnte Wennerström seine Reise fortsetzen.

Er zog weiter nach Chicago, wo er begann, Vorträge über seine Erlebnisse auf der TITANIC zu halten. In Chicago lernte er Naomi Johnson kennen, eine schwedische Immigrantin wie er selbst. Naomi wurde seine große Liebe und gemeinsam bekamen sie sieben Kinder – sechs Söhne und eine Tochter.

In den USA schlug Wennerström einen ganz neuen Lebensweg ein. Er ließ seine Karriere als Journalist hinter sich und zog mit Naomi nach Culver in Indiana. Sein Umzug nach Culver wurde von einer ungewöhnlichen Geschichte begleitet: Bei seiner Ankunft am Bahnhof hielten ihn die Verantwortlichen der Militärakademie fälschlicherweise für einen neuen Gärtner namens Leo, den sie erwartet hatten. August klärte das Missverständnis nicht sofort auf und nahm stattdessen die angebotene Stelle an. So begann er 1913 als Gärtner an der Militärakademie zu arbeiten, wo er fortan als „Leo" bekannt war – ein Spitzname, der ihn bis zum Lebensende begleitete.

Wennerström arbeitete bis zu seiner Pensionierung im Jahr 1941 als Leiter der Gartenpflege an der Akademie. In dieser Zeit hielt er immer wieder Vorträge sowohl an der Akademie als auch in verschiedenen Städten der USA. Besonders oft sprach er in schwedischen Methodistenkirchen über seine Erfahrungen auf der TITANIC.

Am 22. November 1950 starb August Wennerström im Alter von 66 Jahren. Er wurde auf dem Freimaurer-Friedhof in Culver, Indiana, beigesetzt.

DIE LONGFORD-GIRLS

Zu Beginn des 20. Jahrhunderts träumten viele junge Menschen in Europa – besonders in Irland – vom Aufbruch in die „Neue Welt". Sie sahen in Amerika die Möglichkeit auf ein besseres Leben. Dieser Traum führte vier junge Frauen aus dem ländlichen County Longford in Mittelirland zusammen und schließlich auf die nagelneue RMS TITANIC.

In der Hoffnung, in den USA neu anzufangen, traten die Schwestern Kate Murphy (18) und Margaret Murphy (25), zusammen mit den Freundinnen Kate Mullin (21) und der jüngsten der Gruppe, Kate Gilnagh (17), die Reise an. Die älteste der Gruppe, Margaret Murphy, hatte zuvor schon einige Jahre in den USA gelebt. 1911 war sie jedoch nach Irland zurückgekehrt, um ihren schwer kranken Vater zu pflegen. Nach seinem Tod im Juni desselben Jahres kehrte Margaret in ihre Heimat zurück, wo sie auf Matthew O'Reilly traf – einen Landsmann, der, wie sie, in die USA ausgewandert war und sich in New York niedergelassen hatte. Die beiden verliebten sich und verlobten sich bei einem Treffen am See Lough Gowna in ihrer Heimat. Ihre Zukunft sahen sie in den USA, wo sie heiraten und ein gemeinsames Leben führen wollten.

Doch bevor ihre gemeinsame Reise begann, musste Matthew frühzeitig zurück nach New York reisen, wo er nach seiner Rückkehr als Leichenbestatter und Küster in der St. Andrew's Church arbeitete.

Im August 1911 war der ebenfalls aus dem County Longford stammende, 26-jährige, John Kiernan für einen Heimatbesuch zurückgekehrt. Als es für John und seinen jüngeren Bruder Phillip (22), sowie deren 19-jährigen Cousin zweiten Grades Thomas McCormack an der Zeit war, Irland zu verlassen, beschloss Margaret Murphy sich ihnen anzuschließen, um so schnell wie möglich wieder bei ihrem Verlobten zu sein. Auch ihre jüngere Schwester Kate hatte sich entschlossen mitzukommen.

Doch die Entscheidung, Irland zu verlassen, fiel Margaret schwer. Sie hatte ihrer Mutter versprochen zu warten, bis Matthew sich ein gesichertes Leben aufgebaut hatte. Doch die Sehnsucht nach ihm wuchs und so schmiedeten die beiden Schwestern den Plan, dass sie sich den Kiernan- Brüdern anschließen und Irland den Rücken kehren würden.

Wochenlang packten sie heimlich ihr Reisegepäck in einer Scheune zusammen um es, wenn es so weit war, schnell griffbereit zu haben.

Ihr Ziel war es, zunächst bei ihrem Bruder Patrick in Philadelphia unterzukommen, bis sie sich selbst ein neues Leben aufbauen könnten, so wie es auch ihre Schwester Annie in Brooklyn getan hatte. Am 11. April 1912 bestiegen Margaret und Kate Murphy schließlich die TITANIC in Queenstown (heute Cobh), um sich ihrem Traum zu erfüllen. Für ihre Dritte Klasse-Fahrkarte hatten sie gemeinsam £15, 10s bezahlt. Die beiden Schwestern teilten sich eine Kabine auf dem E-Deck mit ihren Freundinnen Kate Gilnagh und Kate Mullin, die ebenfalls auf dem Weg zu Verwandten in den USA waren. Alle vier jungen Frauen waren inzwischen zu engen Freundinnen geworden.

Kate Gilnagh war auf dem Weg zu ihrer Schwester Mary „Mollie", die bereits am Dienstag, den 9. April 1911 an Bord der LAURENTIC nach Amerika ausgewandert war, in Manhattan arbeitete und nun ihre jüngere Schwester nachholen wollte.

Kate Mullin war das jüngste von neun Kindern und war in einem katholischen Haushalt aufgewachsen. Genau wie Kate Gilnagh war sie auf dem Weg zu einer ihrer Schwestern, die in New York sesshaft geworden war.

Die vier Frauen waren nicht die Einzigen an Bord der TITANIC, die aus dem County Longford in Mittelirland kamen. Wie erwähnt kamen auch John und Phillip Kiernan sowie ihr Cousin Thomas McCormack aus Longford. Auch James Farrell (26) und die Geschwister McCoy (Agnes, Alice und Bernard) sowie Ellen Corr stammten aus Longford.

Sowohl die Geschwister McCoy als auch Ellen Corr überlebten den Untergang der TITANIC, was angesichts der hohen Opferzahlen in der Dritten Klasse bemerkenswertes Glück war.

An Bord der TITANIC herrschte eine aufgeregte, freudige Stimmung unter den Auswanderern, als sich das Schiff auf seinen Weg nach New York machte. Die vier Frauen genossen die Tage an Bord, feierten und knüpften neue Kontakte. Die Reise versprach ein Abenteuer zu werden und alle waren voller Hoffnung auf ein neues Leben in Amerika.

Doch in der Nacht des 14. April änderte sich alles. Nach einer geselligen Feier im Gemeinschaftsraum der Dritten Klasse waren die Freundinnen gerade zu Bett gegangen, als ein Mann, den sie an Bord kennengelernt hatten, an ihre Tür klopfte und sie warnte, dass etwas nicht in Ordnung sei. Die jungen Frauen versammelten sich daraufhin mit den anderen Passagieren und warteten auf weitere Anweisungen. Als das Wasser das Zwischendeck erreichte, zögerten sie - im Gegensatz zu vielen anderen Passagieren in der Dritten Klasse –keinen Moment und versuchten sich einen Weg zum Bootsdeck zu bahnen.

Aber ihr Weg nach oben wurde jäh gestoppt, denn wie an vielen anderen Stellen des Schiffes versperrten verschlossene Eisengitter den Zugang nach oben. Auch kam es zu Handgreiflichkeiten zwischen einigen Männern der Dritten Klasse und Besatzungsmitgliedern, die fest entschlossen waren, die Zwischendeckpassagiere unten zu halten.

Nun standen die vier Freundinnen hinter einem der vielen Eisengitter und versuchten, einen Seemann davon zu überzeugen, es zu öffnen. Aber dieser weigerte sich.

James Farrell hatte schließlich genug davon und er rief dem Seemann mit kraftvoller Stimme zu: *„Um Himmels Willen! Öffnen Sie das Gitter und lassen Sie diese Mädchen durch!"*

Der entschiedene und barsche Ton brach den Widerstand des Seemanns, so dass er das Gitter endlich öffnete und die Menschen durchließ.

James Farrell wurde so zum Retter der vier Frauen und wird dafür noch heute von den Nachfahren der geretteten Mädchen in Ehren gehalten.

Auch Margaret Murphy erzählte dem „Irish Independent"* am 9. Mai 1912 wie die Passagiere zurückgehalten wurden:

"Eine Gruppe von Männern versuchte, auf ein höheres Deck zu gelangen und kämpfte mit den Matrosen, schlug und raufte sich und fluchte. Frauen und einige Kinder waren dort und beteten und weinten. Dann schlossen die Matrosen die Luken, die zur Dritten Klasse führten, mit der Begründung, sie wollten die Luft dort unten halten, damit das Schiff länger oben bleiben könne."[35]

In der Eile verlor Katie Gilnagh ihre Freundinnen aus den Augen und sie verirrte sich auf dem Promenadendeck der Zweiten Klasse. Als sie das Promenadendeck in beide Richtungen abgelaufen hatte, entdeckte Katie schließlich einen Mann der sich über die Reling lehnte und gedankenverloren in die dunkle Nacht starrte. Sie trat auf den Mann zu und fragte ihn, wie sie zum Bootsdeck gelange. Der Mann erwiderte, er würde ihr den kürzesten Weg zeigen und ließ sie kurzerhand auf seine Schultern klettern und hob sie direkt zum nächst höher gelegenen Deck hinauf.

Auf dem Bootsdeck sollte Rettungsboot Nummer 16 gerade abgefiert werden und so rannte Katie sofort los, ohne auf die anderen Boote zu achten. Als sie endlich

---

[35] Margaret Murphy -Irish Independent, 9. Mai 1912

ankam, wurde sie von einem Seemann zurückgewiesen. In ihrer Not schrie Katie, dass sie zu ihrer Schwester müsse, die sich bereits an Bord befände. Der Seemann schaute einen Moment etwas verwirrt, aber dann gewährte er Katie doch Zutritt und entsicherte die Trossen zum Herablassen des Bootes. Dort traf Katie wieder mit ihren Freundinnen zusammen, die sie zuvor im Chaos verloren hatte. Ihr Rettungsboot Nummer 16 wurde kurz nach Boot Nummer 14 abgefiert.

Es war 1:35 Uhr Bordzeit, als ihr Boot unter dem Kommando von Stabswachtmeister Joseph Henry Bailey, unterstützt von den beiden Seeleuten James Forward und Ernest Edward Archer, die sinkende TITANIC verließ. Im Boot befand sich mit Thomas McCormack, der später sagte, er sei von den Murphy-Schwestern aus dem Wasser geholt und ins Boot gehoben worden, ein weiterer Longforder. Seine Cousins, die Kiernan-Brüder, überlebten die Nacht nicht.

Auch ihr Lebensretter James Farrell ging mit der TITANIC unter. Das letzte Mal wurde er gesehen, als er neben seinem Koffer kniete und den Rosenkranz betete. Von den zwölf jungen Menschen, die aus Longford kamen, überlebten immerhin neun den Untergang der TITANIC und somit erging es ihnen um einiges besser als den Addergoole 14, von denen nur drei den Untergang überlebten.

Die CARPATHIA mit den TITANIC-Überlebenden an Bord
wird von einer großen Menschenmenge in New York erwartet
© Library of Congress

Die beiden Murphy-Schwestern wurden bei der Ankunft
der CARPATHIA von ihren überglücklichen
Geschwistern begrüßt, und ein weiteres Gesicht in der
Menge war Matthew O`Reilly. Er hatte nichts von
Margarets Absicht gewusst, in die USA zurückzukehren
und ihn zu heiraten. Er war erst darauf aufmerksam
geworden, als er die Namen von Margaret und ihrer
Schwester Kate auf einer Liste von Überlebenden sah:

*"Er war am Pier, um sie zu empfangen, als sie von der
Carpathia kamen, und belagerte von dieser Nacht an das Herz
der schönen jungen Frau."* [36]

---

[36] The Evening World, 16. Juli 1913

94

Wie viele andere Überlebende wurden auch die beiden Murphy-Schwestern zur Genesung in das St. Vincent Hospital in New York gebracht.

Die Überlebenden der TITANIC bei ihrer Ankunft in New York © Library of Congress

Nach ihrer Genesung begleiteten Margaret und Kate Matthew O'Reilly und seine Schwester zu ihrem Haus am City Hall Place 17 in New York. Dort wurde ein Porträt der beiden überlebenden Schwestern aufgenommen, das am Samstag, den 27. April 1912 in „The Advocate", einer irisch-amerikanischen Zeitung, abgedruckt wurde.

In der Folge gab Margaret mehrere Interviews, in denen sie unter anderem erklärte:

„Die vielleicht interessanteste Geschichte erzählte Miss Margaret Murphy, eine typische Colleen-Schönheit mit

ebenmäßigen Gesichtszügen, rosigen Wangen und reinen, irisch-blauen Augen, die ihr Zuhause in Fostra, County Longford, ohne das Wissen ihrer Eltern und Verwandten verließ, um an Bord der Titanic zu gehen, in der Absicht, hier John Kiernan zu heiraten, einen Nachbarn, der zu ihrer Gruppe gehörte. Als der kritische Moment des Schiffbruchs kam, gab Kiernan sein Leben für sie auf, als er ihr seinen Rettungsring übergab und sie sicher in einem Boot sah. Als er hörte, dass die Titanic dem Untergang geweiht war, verließen wir alle unsere Kojen und stürmten an Deck. Ich sah, wie ein Boot nach dem anderen mit Passagieren beladen wurde, während ich zitternd an der Seite von Herrn Kiernan stand. Er versuchte, mich aufzumuntern, und die Wahrheit ist, dass ich nicht einen Moment lang dachte, dass der Dampfer untergehen würde. Als wir beide merkten, dass es so war, legte Herr Kiernan selbst einen Rettungsring an und half mir in eines der letzten Rettungsboote, das den Dampfer verließ. Wir küssten uns zum Abschied und er versprach, mich bald wiederzusehen"[37]

Der „Altoona Times" gab Margaret ein weiteres Interview, in dem sie beschrieb, wie sie an Bord der TITANIC kam, welches am Donnerstag, den 2. Mai 1912 erschien:

"In der Nacht, bevor die kleine Gruppe aus unserem Dorf zusammen mit einigen anderen jungen Frauen und Männern an Bord der Titanic gehen sollte, schlich ich mich von zu Hause weg, nahm so viele Kleider mit, wie ich konnte und ging zum Haus der Kiernans, wo eine Abschiedsfeier stattfand. Damals hatte ich versprochen, zu Hause zu warten, bis Herr Kiernan in dieses Land kommen und sich niederlassen würde. Dann wollte ich mich ihm anschließen.

---

[37] The Sun (Baltimore), 29. April 1912

Aber der Gedanke, von ihm getrennt zu sein, war zu viel für mich und ich beschloss, von zu Hause wegzulaufen.
Im Hause Kiernan wurde ich freundlich aufgenommen, denn wir waren alle Nachbarn. Bei der ersten Gelegenheit erzählte ich Herrn Kiernan von meinem Vorhaben. Er stimmte nur widerwillig zu. Er war fünfundzwanzig und ich bin neunzehn." [38]

Wenn man sich diese Interviews durchliest, entsteht unweigerlich der Eindruck, dass Margaret und John Kiernan ein Liebespaar waren, das an Bord der TITANIC durchbrennen wollte. Das entsprach aber nicht den Tatsachen und es scheint, dass die Zeitungen einiges dazu gedichtet haben um die Geschichte spannender zu gestalten. Schon bei der Altersangabe sieht man, dass die Presse ordentlich geschummelt hatte, denn sie war nicht 19 Jahre, sondern bereits 25 Jahre alt...

In den folgenden Monaten sah sich Maggie , die inzwischen die New Yorker Presse wegen Verleumdung angezeigt hatte, gezwungen, sich an die Zeitungen zu wenden, um die Beziehung zwischen ihr und John Kiernan klarzustellen:

„Miss Maggie J. Murphy, derzeit wohnhaft in Wms' Bridge, New York, und früher in Fostra, Aughnacliffe, eines der irischen Mädchen, die von der Titanic gerettet wurden, schreibt uns und bittet uns, eine in der New Yorker Boulevardpresse verbreitete Behauptung zu korrigieren, wonach sie während ihrer Reise auf dem verunglückten Schiff

---

[38] Interview mit Margaret Murphy -Altoona Times, 2. Mai 1912

mit John Kiernan, einem der beiden bei der Katastrophe ertrunkenen Brüder, durchgebrannt sei.

Als bescheidenes, respektables irisches Mädchen beklagt sich Miss Murphy zu Recht über die Grausamkeit und Ungerechtigkeit, die diese typische amerikanische Medienerfindung sowohl für sie als auch für den armen jungen Mann, der ertrunken ist, darstellt. Wir haben viel Freude daran, ihr glatt zu widersprechen und ihr zu versichern, dass die Leute zu Hause kein solches Yankee-Garn glauben."[39]

Etwas mehr als ein Jahr später, im Juli 1913, heirateten Margaret und Matthew und die New Yorker Medien berichteten über die Hochzeit:

„ TITANIC-ÜBERLEBENDE HEIRATEN"

Margaret Murphy, eine der Überlebenden der Titanic-Katastrophe, wurde gestern in der St. Andrew's Church in der Duane Street verheiratet, mit ihrer Schwester Katherine, ebenfalls eine Überlebende der Titanic, als Brautjungfer. Sie wurde die Braut von Matthew O'Reilly, dem Küster von St. Andrews.
Die Hochzeit fand gestern statt, nachdem O'Reilly Miss Murphy in der Nacht kennengelernt hatte, als der Dampfer Carpathia mit den Überlebenden des Schiffbruchs eintraf. Pfarrer Patrick Masterson, ein Cousin von O'Reilly, nahm die Trauung vor und zelebrierte auch die Hochzeitsmesse.

Viele Freunde des Paares nahmen an der Hochzeit teil. Im Anschluss an die Zeremonie wurde ein Hochzeitsfrühstück in

---

[39] Nicht identifizierte Zeitung, 3. August 1912

O'Reillys altem Haus, Nr. 17 am Rathausplatz, serviert. Hunderte von Menschen folgten dem Brautpaar zu einem der Piers in Chelsea, wo sie an Bord des Dampfers Coronia gingen, der nach Europa fährt. Sie werden drei Monate in der irischen Grafschaft Cavan verbringen, wo beide gebürtig sind."[40]

Auch hier ist wieder interessant, dass der Eindruck erweckt wird, dass sich Margaret und Matthew erst nach der Ankunft der CARPATHIA kennengelernt hätten, was ja nicht den Tatsachen entspricht, denn die beiden waren schon vorher miteinander verlobt und Margaret war nur an Bord der TITANIC um schneller bei Matthew in Amerika zu sein, um ihn zu heiraten.

Nach der Hochzeit verbrachten die beiden ihre Flitterwochen in Irland, wo Margaret ihre Familie besuchte, die sie ein Jahr zuvor über Nacht verlassen hatte, um nach Amerika aufzubrechen. Überglücklich schloss sie die Familie wieder in ihre Arme.

In Manhattan begannen Margaret und Matthew ein gemeinsames Leben und bekamen drei Kinder: Margaret (1917–1959), Anna Marie (1919–2004) und Matthew (1921–1998). Die Ehe der beiden war von tiefer Zuneigung und Harmonie geprägt, doch die gemeinsame Zeit war leider begrenzt: Bei Matthew wurde Krebs diagnostiziert und er starb am Samstag, den 15. April 1939 –dem 27. Jahrestag der TITANIC-Katastrophe.

---

[40] New York Press, 17. Juli 1913

Margaret heiratete nicht wieder und sprach im Laufe ihres Lebens nur selten über die dramatische Nacht auf der TITANIC. Am 29. September 1957, während eines Besuchs bei ihrer Tochter Anna in Slate Hill, New York, verstarb Margaret Murphy O'Reilly im Alter von 70 Jahren. Sie wurde auf dem Calvary Cemetery in Queens, New York, zur Ruhe gebettet.

Ihre jüngere Schwester Kate heiratete genau wie ihre Schwester am 17. Juli 1913. Sie vermählte sich mit Michael Guilfoyle, dessen Bruder Denis im Jahr zuvor Kates andere Schwester Anna geheiratet hatte; die beiden lernten sich über ihre jeweiligen Geschwister kennen.

Michael Guilfoyle war bereits einige Jahre zuvor, im November 1907, mit der CELTIC der White Star Line in die Vereinigten Staaten ausgewandert. Nach seiner Ankunft in den USA trat er der Polizei in Brooklyn bei und arbeitete später als Inspektor bei der US-Zollbehörde.

Kate und Michael ließen sich in New York nieder und gründeten dort eine Familie. Ihre drei Kinder — Marie Josephine (geb. 2. Juni 1914), Michael Joseph (geb. 8. August 1916) und Rita Catherine (geb. 16. Januar 1919) — wuchsen in Brooklyn auf, wo die Familie bis in die 1940er Jahre lebte.

Im Dezember 1919 beschloss Kate, ihren dreijährigen Sohn Michael nach Irland zu schicken, damit er Zeit mit seiner Großmutter verbringen konnte. Der ursprünglich kurze Besuch entwickelte sich jedoch zu einem mehrjährigen Aufenthalt und Mutter und Sohn wurden erst im Mai 1924 in den USA wiedervereint.

Obwohl Kate in ihrem Leben viele Herausforderungen und Ereignisse durchlebte, sprach sie später kaum über die TITANIC-Katastrophe. Sie überlebte ihre ältere Schwester Margaret um einige Jahre.

Ihre letzten Lebensjahre verbrachten Kate und Michael in einem Haus am Swan Lake. Nach langer Krankheit verstarb Michael dort am 2. Oktober 1962. Kate lebte noch bis zum 24. September 1968 und verstarb in Brooklyn während eines Besuchs bei Verwandten, nur wenige Wochen vor ihrem 75. Geburtstag. In der Todesanzeige wurde ihr Alter fälschlicherweise mit 68 Jahren angegeben. Sie wurde an der Seite ihres Mannes auf dem St. Peter's Cemetery in Sullivan, New York, beigesetzt.

Kate Mullin kam nach ihrer Ankunft in den Vereinigten Staaten zunächst bei ihrer Schwester, Mrs. Murray, unter. Die beiden lebten in einem kleinen Apartment in der 231 East 50th Street in New York City. Dort begann Kates neues Leben in einer fremden Welt und sie suchte schnell nach einer Möglichkeit, ihren Lebensunterhalt selbst zu bestreiten. Schon bald fand sie eine Anstellung als Hausmädchen und arbeitete in den Haushalten wohlhabender New Yorker Familien.

Ihrem Vater beschrieb sie später ihre Erlebnisse auf der TITANIC und erzählte ihm, dass ihr Boot mit über 50 Personen beladen war und dass die Schreie der an Bord zurückgebliebenen Menschen sie verfolgen würden.

Am Sonntag, den 2. Januar 1916, heiratete Kate in Manhattan den Arbeiter Martin Kearns. Zusammen gründeten sie eine Familie und bekamen vier Kinder: Margaret, genannt Peggy, (1918 geboren), Mary (geboren 1919), Eileen(geboren 1922)und John Thomas (geboren 1925) Die Familie lebte zunächst in der Bronx und zog nach etwa zwei Jahrzehnten weiter nach Queens, wo Martin als Hafenarbeiter tätig war und die Kinder heranwuchsen.

In all den Jahren kehrte Kate Mullin nie nach Irland zurück. Sie blieb in den Vereinigten Staaten und widmete sich ihrer Familie und dem neuen Leben in New York.

Im Jahr 1944 erlitt sie einen schweren Verlust, als ihr einziger Sohn John im Alter von nur 19 Jahren beim Untergang eines Truppentransporters ums Leben kam. Dieser Tod erschütterte Kate zutiefst und belastete die Familie stark.

Obwohl Kate selten über ihre Erlebnisse auf der TITANIC sprach, vertraute sie sich an einigen wenigen Gelegenheiten ihrer Familie und gelegentlich auch den lokalen Medien an. Zum 50. Jahrestag des Untergangs im Jahr 1962 ließ sie sich ein letztes Mal interviewen. Sie sprach über ihre Dankbarkeit für ihr Überleben, betonte jedoch, dass sie nicht mehr an dieses schreckliche Ereignis erinnert werden wollte.

Am Sonntag, den 1. November 1970, verstarb Kate Mullin Kearns im Alter von 80 Jahren in Queens.

Nach einer Messe in der römisch-katholischen Kirche St. Sebastian wurde sie auf dem St. Raymond`s Cemetery in der Bronx beigesetzt. Auffällig ist, dass ihre Todesanzeige keine Erwähnung ihrer Verbindung

Kate Gilnagh wurde bei ihrer Ankunft in New York freudig von ihrer Schwester Mollie in Empfang genommen, die überglücklich war, Kate wohlbehalten in die Arme schließen zu können.

Um den besorgten Eltern und der Familie in Irland zu zeigen, dass Kate tatsächlich gerettet worden war, ließen die Schwestern ein gemeinsames Foto von sich machen. Dieses Bild schickten sie nach Irland und erst als die Eltern es in den Händen hielten, konnten sie aufatmen und glaubten, dass es Kate wirklich gut ging.

Kate gewöhnte sich rasch an ihr neues Leben in Amerika, wobei ihre Schwester ihr zur Seite stand. Schon bald lernte sie ihren späteren Ehemann John Joseph Manning kennen. 1917 heirateten die beiden. Aus dieser glücklichen Ehe gingen vier Kinder hervor: John (geboren 1919), Thomas (geboren 1923), Catherine (geboren 1924) und Joseph Eugene (geboren 1927).

Die Familie lebte zunächst in Boston, zog dann jedoch nach Queens, New York. Am Dienstag, den 19. April 1955, verstarb John und Kate blieb als Witwe zurück. Sie heiratete nicht noch einmal und lebte weiterhin in den Vereinigten Staaten.

In den Jahren nach dem Verlust ihres Mannes trat Kate der „Titanic Enthusiasts of America" bei, die später zur „Titanic Historical Society" wurde. Diese Organisation wurde 1963 von Edward Kamuda gegründet und setzt sich seitdem für die Erinnerung an die TITANIC und ihre Passagiere ein.

Kate trat auch in zwei Fernsehsendungen auf – in „To Tell the Truth" und der „Steve Allen Show". Auch das „Life-Magazin" berichtete 1953 über ihre Erinnerungen an die TITANIC.

Darüber hinaus arbeitete sie mit dem Autor Walter Lord zusammen, als er sein berühmtes Buch „A Night to Remember" schrieb. In diesem Buch finden sich auch Schilderungen von Kates Erfahrungen in jener schicksalhaften Nacht.

Kate Gilnagh Manning verstarb am Montag, den 1. März 1971, im Alter von 76 Jahren in Long Island City, New York, und wurde neben ihrem Ehemann auf dem Woodside-Friedhof in Queens, New York, beigesetzt.

DIE GESCHICHTE VON KATE MULLIN UND KATE MURPHY FAND IN ABGEWANDELTER FORM AUCH EINZUG IN DAS ERFOLGREICHE BROADWAY-MUSICAL „TITANIC" VON PETER STONE UND MAURY YESTON.

DAS DRAMA DER FAMILIE ASPLUND

Eine besonders eindrucksvolle und tragische Geschichte ist die der siebenköpfigen Familie Asplund. Sie zeigt, wie schwer es für eine große Familie war, in der Dritten Klasse den Untergang des Schiffes zu überleben.

Carl Oscar Vilhelm Gustafsson Asplund, damals 40 Jahre alt, und seine Frau Selma Augusta Emilia Asplund, geborene Johansson, 38 Jahre alt, kamen ursprünglich aus Schweden. Das Ehepaar war im Jahr 1894 nach Amerika ausgewandert und hatte sich in der Stadt Worcester im Bundesstaat Massachusetts niedergelassen.

Dort wurden ihre fünf Kinder geboren: Filip Oscar kam am Montag, dem 12. Dezember 1898, zur Welt. Ihr zweiter Sohn, Clarence Gustaf Hugo, wurde am Mittwoch, dem 17. September 1902, geboren. Später kamen noch die Zwillinge Lillian Gertrud und Carl Edgar am Sonntag, dem 21. Oktober 1906 hinzu. Da alle Kinder in Amerika geboren waren, besaßen sie die amerikanische Staatsbürgerschaft.

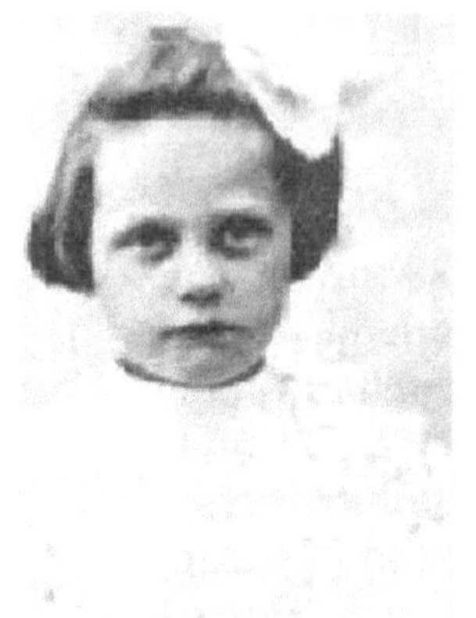

Lillian Asplund als junges Mädchen © gemeinfrei

Um den Nachlass von Carl Oscars Vater nach dessen Tod zu regeln, und um dessen Mutter zu pflegen, kehrte die Familie 1907 nach Schweden zurück und lebte in Alseda wo auch ihr fünftes Kind Edvin Roij Felix am Freitag, den 19. März 1909, zur Welt kam.

Im Jahr 1912 hatte Carl Oscar die Möglichkeit in seine frühere Stellung als Arbeiter bei den Spencer Wire Works in Worcester zurückzukehren. Diese Chance wollte er sich nicht entgehen lassen und so beschloss die Familie, nach Amerika heimzukehren.

Im April 1912 machte sich die siebenköpfige Familie dann von Schweden aus auf den Weg nach Southampton um dort am 10. April 1912 an Bord der nagelneuen TITANIC zu gehen. Die Familie hatte die Ticketnummer 347077 und bezahlte £31 7s 9d für die Tickets.

Die TITANIC beim Auslaufen aus dem Hafen von Southampton © Sammlung des Autors

Wie viele andere verbrachten sie die ersten Tage an Bord damit, sich auf dem riesigen Schiff zurechtzufinden. Die Tage waren für sie trotz der Enge angenehm, denn das Essen war reichhaltig und die Unterkunft in der Dritten Klasse bot ihnen überraschend viel Komfort.

Kurz nach der Kollision mit dem Eisberg wurde die Familie von Stewards geweckt und fand sich schließlich unter einer großen Menge von Menschen auf dem Bootsdeck wieder. Ihr Glück war ohne Zweifel, dass sie durch ihre Jahre in Amerika im Gegensatz zu vielen Zwischendeckpassagieren über sehr gute Englischkenntnisse verfügten.

Ihr Schicksal entschied sich auf der Steuerbordseite des sinkenden Schiffes. Um etwa 1:35 Uhr, als der TITANIC nur noch 45 Minuten verblieben, wurde das Rettungsboot Nummer 15 mit 67 Personen an Bord

107

abgefiert. Als es sich bereits auf Höhe der Deckskante befand, sprang Selma Asplund in letzter Sekunde mit ihrem jüngsten Sohn Felix im Arm hinein. Ihr Ehemann Carl reichte ihr geistesgegenwärtig ihre Tochter Lillian nach. Für die anderen Kinder war es jedoch zu spät, denn das Boot war bereits zu weit abgesenkt, um sie noch aufzunehmen.

Selma sah Carl und die übrigen Kinder in der Menschenmenge verschwinden und hoffte, dass sie noch ein anderes Rettungsboot erreichen würden. Erst an Bord des Rettungsschiffes CARPATHIA wurde das tragische Ausmaß des Verlustes klar: Carl Asplund und die drei kleinen Söhne hatten den Untergang der TITANIC nicht überlebt. Carls Leichnam wurde später von der MACKAY-BENNETT geborgen und auf dem schwedischen Friedhof in Worcester, Massachusetts, beigesetzt. Die anderen drei Kinder blieben verschollen.

Nach ihrer Rettung wurden Selma und die überlebenden Lillian und Felix in das St. Vincent Hospital in New York gebracht. Als sie entlassen wurden, kehrten sie nach Worcester zurück und lebten bei Selmas Schwester. Der Untergang der TITANIC hatte sie um alle ihre Besitztümer und Ersparnisse gebracht.

Um die Familie finanziell zu unterstützen veranstaltete die Stadt Worcester eine sehr erfolgreiche Wohltätigkeitsveranstaltung, die eine Gesamtsumme von fast 2.000 Dollar für die Familie Asplund einbrachte. Das Geld wurde in einen Treuhandfonds für die Familie investiert. Einer der Treuhänder war der Bürgermeister der Stadt Worcester, David F. O`Conell.

Die Zinsen aus diesem Fonds wurden je nach Bedarf an die Familie ausgezahlt.

Im Jahr 1951 zog die Familie nach Shrewsbury, Massachusetts.

Selma Asplund kam zeitlebens nicht mehr über die furchtbare Tragödie hinweg, die ihr den Mann und drei ihrer Kinder geraubt hatte. Sie sprach nie mehr über die TITANIC. Sie starb am 52. Jahrestag des Untergangs, am Mittwoch, den 15.April 1964, im Alter von 90 Jahren.

Ihre Kinder Lillian und Felix blieben unverheiratet und lebten bei ihr bis sie verstarb.

Die beiden sprachen eher selten über die TITANIC. In einem Interview erinnerte sich Lillian daran, wie sie durch ein Fenster auf dem Promenadendeck der Ersten Klasse in ein Rettungsboot geschleust wurde und dabei zurück auf die sinkende TITANIC blickte. Sie sagte, dass sie einen Großteil ihres Lebens von den Gesichtern ihres Vaters und ihrer drei Brüder verfolgt wurde, die mit der TITANIC untergingen. Sie erinnerte sich auch noch daran, dass ihr Vater ihren Zwillingsbruder standen.

Felix Asplund starb am Dienstag, den 1. März 1983, im Alter von 73 Jahren. Seine ältere Schwester Lillian lebte bis ins hohe Alter und galt als die letzte TITANIC-Überlebende, die noch Erinnerungen an den Untergang hatte. Sie starb am Samstag, den 6. Mai 2006 – ein halbes Jahr vor ihrem 100. Geburtstag.

DIE GESCHICHTE VON FRANKIE GOLDSMITH

Anfang des Jahres 1912 herrschte noch immer große Trauer im Hause Goldsmith. Die Eltern Frank und Emily sowie ihr neunjähriger Sohn Frank John William, genannt Frankie, trauerten um den sechsjährigen Albert John, genannt Bertie, der Ende 1911 an Diphtherie verstorben war.

Frankie und sein kleiner Bruder hatten sich sehr nah gestanden. Der frühe und plötzliche Tod von Albert war daher für Frankie nur schwer zu verarbeiten.

Ein seltenes Foto der gesamten Familie Goldsmith © Library of Congress

Seine Eltern berieten darüber was sie nun tun sollten, denn sie fühlten sich in Strood, Kent in England sehr einsam, auch weil Emilys Eltern und sechs ihrer zwölf Geschwister schon 1910 nach Amerika ausgewandert waren und sich in Detroit, Michigan niedergelassen hatten.

Nach eingehender Beratung entschlossen sie sich dann schließlich, sich Emilys Familie anzuschließen und ebenfalls nach Detroit auszuwandern.

Die Familie ging nach ausführlichen Reisevorbereitungen am 10. April 1912 in Southampton als Passagiere der Dritten Klasse an Bord der TITANIC (Ticketnummer 363291 zum Preis von £20, 10s, 6d).

Neben ihrem Gepäck mit ihrem Hab und Gut der Familie, brachte Vater Frank auch seine Werkzeugtasche mit an Bord. Als Werkzeugmacher würde er die in Amerika für den Neubeginn auf jeden Fall brauchen.

Begleitet wurde die nun nur noch dreiköpfige Familie von Thomas Theobald, einem Freund von Frank und Alfred Rush, dem Sohn eines Freundes der Familie.

Alfred Rush feierte am Sonntag, den 14. April 1912, seinen 16. Geburtstag.

An Bord der TITANIC lernten die Goldsmiths viele andere britische Passagiere kennen und freundeten sich mit ihnen an, darunter waren: May Howard, Emily Badman, Rosa Abbott, Edward Lockyer und Edward Dorking.

Das riesige Schiff war für den kleinen Frankie fast wie
ein Abenteuerspielplatz und er verbrachte die Zeit an
Bord damit, mit einer Gruppe englischsprachiger Jungen
der Dritten Klasse zu spielen, die alle ungefähr in seinem
Alter waren: Willie Coutts, Harold Goodwin, William
Johnston, Albert und George Rice sowie James und
Walter van Billiard.

Die Jungs kletterten auf die Gepäckkräne oder gingen
hinunter in die Kesselräume, um die Heizer bei der
Arbeit zu beobachten wie sich Frankie später
erinnerte(Ob das wirklich belegt ist, ist eher
unwahrscheinlich).

Frankie erinnerte sich später daran, wie sie ihre Köpfe in
einen Heizungskeller steckten und die Heizer bei der
Arbeit sahen, die sangen und im Takt der Lieder mit
ihren Schaufeln schlugen. Von diesen abenteuerlustigen
und neugierigen Jungen überlebten nur Frankie
Goldsmith und Willie Coutts den Untergang.

In der Nacht des Untergangs befand sich die Familie in
ihrer Kabine; Frankie verschlief den Aufprall und wurde
erst von seinem Vater geweckt. Die Familie begab sich
daraufhin zusammen mit Thomas Theobald und Alfred
Rush auf die oberen Decks. Sie schafften es zu Faltboot
C, das gerade beladen wurde. Ein Ring von
Besatzungsmitgliedern ließ nur noch Frauen und Kinder
durch. Frankie erinnerte sich daran noch sehr gut:

*„Mutter und ich wurden dann durch das Tor gelassen, und
der verantwortliche Mann der Besatzung griff nach dem Arm
von Alfred Rush, um ihn durchzuziehen, denn er muss
gemerkt haben, dass der junge Bursche nicht viel älter war als*

ich, und er war nicht sehr groß für sein Alter, aber Alfred hatte nicht gezögert. Er riss den Matrosen am Arm und sagte hocherhobenen Hauptes, und ich zitiere: ,Nein! Ich bleibe hier bei den Männern'. Mit 16 Jahren starb er als Held". [41]

Thomas Theobald gab Emily seinen Ehering und fragte sie, ob sie ihn seiner Frau geben würde, falls er nicht überleben sollte.

„Mein Vater griff nach unten, klopfte mir auf die Schulter und sagte: Mach`s gut, Frankie, wir sehen uns später!' Das tat er nicht und vielleicht wusste er, dass er es nicht tun würde." [42]

Sein Vater Frank Goldsmith Sr., Thomas Theobald und Alfred Rush starben beim Untergang. Nur die Leiche von Thomas Theobald wurde später geborgen.

Der kleine Frankie und seine Mutter wurden in Faltboot C gerettet. Als die CARPATHIA nach New York fuhr, gab Emily ihren Sohn in die Obhut des überlebenden Heizers Samuel Collins. Er sollte Frankie vom Untergang ablenken.

In der Zwischenzeit war Emily damit beschäftigt, aus Decken Kleidung für die Frauen und Kinder zu nähen, die das Schiff nur in Nachthemden verlassen hatten.

Samuel Collins nahm Frankie mit zu seinen Heizerkollegen von der CARPATHIA, die ihm anboten,

---

[41] Frankie Goldsmith- Memories of a Titanic survivor – Titanic Historical Society 1991
[42] Frankie Goldsmith- Memories of a Titanic survivor – Titanic Historical Society 1991

ihn zu einem Ehrenmatrosen zu machen, indem sie ihn eine Mischung aus Wasser, Essig und einem ganzen rohen Ei trinken ließen.

Stolz schluckte Frankie diese Mischung herunter und betrachtete sich von da an als Mitglied der Schiffsbesatzung. Frankie erinnerte sich, dass Collins zu ihm sagte:

„Weine nicht, Frankie, dein Vater wird wahrscheinlich vor dir in New York sein!" [43]

Nach der Ankunft in New York wurden Emily und Frankie von der Heilsarmee versorgt, die ihnen die Zugfahrt nach Detroit zu ihren Verwandten organisierte, die sie schließlich erleichtert in Empfang nahmen.

Emily hielt Kontakt zu mehreren Überlebenden, die sie getroffen hatte, besonders zu Rosa Abbott.

Am Sonntag, den 2. Mai 1914, heiratete sie Harry Illman, einen Landsmann, der 1913 ausgewandert war, ebenfalls aus Strood stammte und bei der Eisenbahn arbeitete. Das Paar hatte keine Kinder und wohnte später in der Vermont Avenue 6190 in Detroit.

Am Donnerstag, den 22.September 1955, starb Emily während einer Zugfahrt in Ohio im Alter von 75 Jahren. Ihr Ehemann Harry starb am Freitag, den 25.Januar 1963. Sie sind gemeinsam auf dem Ashland-Friedhof in Ashland, Ohio, begraben.

---

[43] Frankie Goldsmith- Memories of a Titanic survivor – Titanic Historical Society 1991

Nach dem Untergang der TITANIC hielt Frankie monatelang an der Hoffnung fest, dass sein Vater die Katastrophe doch überlebt hatte, zu schmerzlich war der Gedanke daran, dass er ihn nie wieder sehen würde:

„Ich glaube, ein anderes Schiff muss ihn aufgesammelt haben, und eines Tages wird er durch diese Tür kommen und sagen: ‚Hallo Frankie! '" [44]

Als Frankie in Detroit aufwuchs, befand sich sein Haus in der Nähe eines Baseballstadions. Später erinnerte er sich daran, dass ihn das Gebrüll der Menge jedes Mal, wenn ein Homerun erzielt wurde, an das Geräusch der Hunderte von Menschen erinnerte, die im Wasser um ihr Leben schrien. Dies verfolgte ihn so sehr, dass er seine eigenen Kinder nie zu einem Baseballspiel mitnahm.

Frankie ging in Detroit zu Schule und arbeitete im Alter von 17 Jahren als Lagerverwalter in einer Autofabrik. Später arbeitete er viele Jahre lang als Verkäufer für ein Molkereiunternehmen. Nebenbei trainierte er das Mädchen-Basketballteam der Woodward Avenue Presbyterian Church und lernte dort seine spätere Frau Victoria Agnes Lawrence kennen, die aus Michigan stammte.

Nach einiger Zeit verliebten sich die beiden ineinander und heirateten 1926. Sie bekamen drei Söhne: James Richard (geboren 1927), Charles B. (geboren 1934) und Frank John (geboren 1936).

---

[44] Frankie Goldsmith- Memories of a Titanic survivor – Titanic Historical Society 1991

Jedes Jahr im April wurde Frankie sehr still weil ihn die Erinnerungen an die TITANIC quälten.

Während des Zweiten Weltkriegs diente er als ziviler Fotograf für das US Army Air Corps. Nach dem Krieg zog er dann mit seiner Familie nach Ashland, Ohio, und eröffnete dort ein Geschäft für Fotobedarf in der Nähe von Mansfield.

Im Jahre 1966 wurde er vom Vorsitzenden seines Rotary Clubs gebeten, über seine Erlebnisse auf der TITANIC zu berichten. Trotz großen Unbehagens sagte er zu und wurde schon bald mit Einladungen zu Interviews überschwemmt, von denen er viele annahm.

Frankie engagierte sich sehr in der neugegründeten Titanic Historical Society und nahm in den 1970er Jahren an mehreren Kongressen teil und traf dort andere TITANIC-Überlebende.

1970 erlitt Frankie seinen ersten Schlaganfall, der einen Wendepunkt in seinem bis dahin guten gesundheitlichen Zustand markierte. Zudem entwickelte er eine sehr schmerzhafte Arthritis.

Im April 1982 wollte er an der Tagung der Titanic Historical Society in Philadelphia teilnehmen, für die er eine Einladung erhalten hatte und auf die er sich sehr freute. Aber am Mittwoch, den 27. Januar 1982, erlag er im Alter von 79 Jahren einem weiteren Schlaganfall, nachdem er in der Nacht lange aufgeblieben war, um sich die Nachrichten anzuschauen.

Einige Zeit zuvor hatte er ein Buch über seine Erlebnisse auf der TITANIC geschrieben. Diese Autobiografie wurde 1991 von der Titanic Historical Society unter dem Titel „Memories of a Titanic Survivor" (Erinnerungen eines Titanic-Überlebenden) posthum veröffentlicht.

Der Autor Walter Lord, der mit einem der bekanntesten Büchern über die TITANIC, „A Night to Remember", Berühmtheit erlangt hatte, schrieb das Vorwort dieser Autobiographie.

Auf seinen eigenen Wunsch hin wurde Frankie eingeäschert. Am Donnerstag, den 15.April 1982, 70 Jahre nach dem Untergang der TITANIC, wurde seine Asche über dem Nordatlantik verstreut, genau an der Stelle wo die TITANIC ruht. Auch die Überlebenden Ruth Becker und der Vierte Offizier Joseph Boxhall wurden dort verstreut.

Seine Witwe Victoria starb am Donnerstag, den 30. September 1993, im Alter von 87 Jahren und ist auf dem Strickland-Friedhof in Hayesville, Ashland, Ohio, begraben.

DIE DRAMATISCHE RETTUNG DES OLAUS ABELSETH

Olaus Abelseth wurde 1887 in Ålesund, einer kleinen Hafenstadt an der Westküste Norwegens, geboren. Die Familie Abelseth lebte in einfachen Verhältnissen in dem Dorf Kleven, das zur Gemeinde Örskog gehört. Olaus wuchs dort mit seinen Eltern und seinen fünf Geschwistern auf. Neben den leiblichen Geschwistern Inga, Hanna, Gina Jensine, Gurine und Hans lebte auch die Pflegetochter Olivie O. Tendfjordnes sowie die Magd Anne Olsdatter in der Familie.

Das Leben war geprägt von harter Arbeit und häufigen Entbehrungen. Deshalb begannen Olaus und sein Bruder Hans, über eine Zukunft in der „Neuen Welt" nachzudenken. Amerika versprach bessere Lebensbedingungen und eine Chance auf ein eigenes Stück Land, durch dessen Bewirtschaftung sie ihren Lebensunterhalt bestreiten konnten.

Im Jahr 1902 folgten die Brüder schließlich dem Ruf Amerikas. Sie machten sich auf die weite Reise und ließen sich in Hatton, North Dakota, nieder. In dieser Region gab es viele Farmen und die beiden Brüder fanden Arbeit im landwirtschaftlich geprägten Red River Valley. Olaus sammelte dort wertvolle Erfahrungen und arbeitete hart, um sich den Traum einer eigenen Farm zu verwirklichen.

1908 war es dann so weit: Olaus gründete eine eigene Viehzucht in Perkins County, South Dakota. Das Leben auf der eigenen Farm stellte ihn vor große

Herausforderungen. Nach mehreren harten Wintern und schwierigen Ernten beschloss er, seine Familie in Norwegen zu besuchen. Im Spätherbst 1911 begann Olaus die lange Reise von New York über den Atlantik. Zuerst fuhr er mit einem Dampfschiff nach Glasgow in Schottland und reiste dann weiter nach Skandinavien, wo er die nächsten Monate mit seiner Familie verbrachte.

Im Frühjahr 1912 trat Olaus die Rückreise nach Amerika an, doch dieses Mal war er nicht allein. Fünf weitere Norweger schlossen sich ihm an: sein Cousin Peter Søholt, sein Schwager Sigurd Hansen Moen, der mit Olaus' Schwester Inge verheiratet war, Adolf Humblen und Anna Salkjelsvik sowie Karen Marie Abelseth, die trotz des gleichen Nachnamens keine Verwandte von Olaus war, sondern die Tochter eines Nachbarn von Olaus.

Da Karen noch sehr jung war, hatte ihr Vater Olaus darum gebeten, während der Reise auf sie zu achten.

Ihre Reise führte die Gruppe von Ålesund über Bergen nach Newcastle, von wo sie am 10. April 1912 in Southampton an Bord der TITANIC gingen. Olaus Abelseth hatte die Ticketnummer 348122 und hatte £7 13s dafür bezahlt.

Olaus und Adolf Humblen teilten sich eine Kabine auf dem F-Deck, Kabine G 63. Sein Schwager Sigurd und sein Cousin Peter schliefen in einer benachbarten Kabine, G 73. Die Tage an Bord verliefen ruhig und die sechs Norweger genossen das vielfältige Leben und die

Gemeinschaft mit den anderen Reisenden und waren von den Annehmlichkeiten des Schiffs beeindruckt.

Von seinen Erlebnissen auf der TITANIC berichtete Olaus später vor dem amerikanischen Untersuchungsausschuss zum Untergang des Schiffes. Dieser Untersuchungsausschuss war eilig nach der Katastrophe einberufen worden um die Umstände der Katastrophe zu beleuchten. Am Freitag, den 3.Mai 1912 sagte auch Olaus als Zeuge aus und wurde von Senator William Alden Smith zu seinen Erlebnissen befragt:

„Ich ging Sonntagnacht gegen zehn Uhr zu Bett, und ich glaube, es war ungefähr viertel vor zwölf, als ich aufwachte. Es gab da noch einen anderen Mann im Raum – wir beide in einem Raum – und er sagte zu mir: ‚Was ist das?‘ Ich sagte: ‚Ich weiß nicht, aber wir sollten besser aufstehen.‘ Wir standen also auf, zogen uns an und wir beide gingen an Deck im vorderen Teil des Schiffs.

Dann gab es dort eine ganze Menge Eis an der Steuerbordseite des Schiffs. Man wollte, dass wir wieder nach unten gingen. Ich sah einen Offizier und fragte ihn: ‚Gibt es irgendeine Gefahr?‘ Er sagte nein. Ich war damit jedoch nicht zufrieden und berichtete meinem Schwager und meinem Cousin, die sich dort im selben Abteil befanden. Sie waren nicht im selben Raum wie ich, aber nur ein wenig von mir entfernt. Ich erzählte ihnen, was passiert war und riet ihnen, besser aufzustehen. Beide standen auf, zogen sich an, und dann nahmen wir unsere Mäntel und zogen sie an. Wir nahmen keine Schwimmwesten mit. Zu diesem Zeitpunkt gab es noch kein Wasser auf dem Deck.

Wir gingen in den hinteren Teil des Schiffs, und weckten zwei norwegische Mädchen auf. Für eines war ich verantwortlich, um die andere kümmerte sich der Mann, der sich in meinem Raum mit mir befand. Er war aus derselben Stadt, aus der ich stammte. Die andere war gerade 16 Jahre alt und ihr Vater hatte mir gesagt, auf sie aufzupassen, bis wir in Minneapolis waren. Die beiden Mädchen waren im hinteren Teil des Schiffs im Zwischendeck.

Wir gingen alle an Deck und blieben dort. Wir gingen auf die Backbordseite des Schiffs, und dort standen fünf von uns, und wir dachten, wir würden ein Licht sehen." [45]

Das ist ein sehr interessantes Detail, dass Olaus Abelseth hier erwähnt, und dass ließ auch Senator William Alden Smith nicht ruhen:

Senator Smith: *„Auf welchem Deck standen Sie?"*

Olaus Abelseth: *„Nicht auf dem Topdeck, aber ich weiß nicht, wie man es nennt, aber es ist der hintere Teil, da, wo sich der Aufenthaltsraum befindet. Und dann ist dort eine Art kleiner Platz dazwischen, wo man an Deck geht. Es war auf dem Bootsdeck, der Platz der Zwischendeckpassagiere an Deck. Wir befanden uns da auf der Backbordseite, und wir sahen zu diesem Licht. Ich sagte zu meinem Schwager: ‚Ich kann es jetzt genau sehen. Es muss ein Licht sein.'"*

Senator Smith: *„Wie weit entfernt war es?"*

---

[45] Aussage Olaus Abelseth vor dem amerikanischen Untersuchungsauschuss, Freitag, 3.Mai 1912

Olaus Abelseth: *„Das kann ich nicht sagen, aber es schien nicht sehr weit entfernt zu sein. Ich dachte ich könnte dieses Mastlicht, das vordere Mastlicht, sehen. Ich dachte, ich könnte es sehen.*

Etwas später kam einer der Offiziere und sagte, wir sollten ruhig sein, ein Schiff würde kommen. Das war alles, was er sagte. Er sagte keine Zeit oder sonst was. Das ist alles was er sagte.“

Olaus wurde auch darüber befragt ob Passagiere der Dritten Klasse zurückgehalten wurden:

„Es gab eine Menge von Zwischendeckpassagieren, die auf die Kräne kletterten, die sie an Deck hatten, mit denen sie Dinge hoben. Man kann damit zweieinhalb Tonnen anheben, glaube ich. Diese Zwischendeckpassagiere krochen darüber, über die Reling und dann auf das Bootsdeck. Eine Menge taten das.“

Senator Smith: *Konnten sie nicht auf andere Weise dorthin gelangen?“*

Olaus Abelseth: *„Dieses Tor war geschlossen.“*

Senator Smith: *„War es verschlossen?“*

Olaus Abelseth: *„Ich weiß nicht, ob es verschlossen war, aber es war geschlossen, so dass wir da nicht weiterkamen. Etwas später standen die Mädchen da, und einer der Offiziere kam und rief, dass alle Damen auf das Bootsdeck kommen sollten. Das Tor wurde geöffnet und diese beiden Mädchen gingen nach oben. Wir blieben noch ein bisschen länger und sie sagten: ,Jeder'. Ich weiß nicht, wer es war, aber ich glaube, es* *war einer der Offiziere, der es sagte. Ich könnte nicht sagen, aber es war jemand, der sagte ‚jeder'. Wir gingen nach oben."*

Senator Smith: *„Glauben Sie, dass die Passagiere im Zwischendeck und im Bug die Möglichkeit hatten, auf die Decks zu kommen oder wurden sie zurückgehalten?"*

Olaus Abelseth: *„Ja, ich glaube, sie hatten die Möglichkeit, nach oben zu kommen."*

Senator Smith: *„Es gab keine verschlossenen Tore oder Türen oder sonst was, um sie unten zu halten?"*

Olaus Abelseth: *„Nein, nichts, das ich sehen konnte."*

Senator Smith: *„Sie sagten, dass einige auf die Kräne kletterten."*

Olaus Abelseth: *„Das war oben auf dem Deck, nachdem sie an Deck gekommen waren. Das war, um aufs Bootsdeck zu kommen."*

Senator Smith: *„Auf das Topdeck?"*

Olaus Abelseth: *„Auf das Topdeck, ja. Aber unten, wo wir waren, in den Räumen, ich glaube nicht, dass da jemand einen anderen zurückgehalten hat."*

Senator Smith: *„Es gab keine Einschränkungen. Sie wurden genauso in die Rettungsboote gelassen wie die anderen Passagiere?"*

Olaus Abelseth: *„Ja."*

Senator Smith: *„Glauben Sie, dass die Zwischendeckpassagiere in Ihrem Bereich alle herauskamen?"*

Olaus Abelseth: *„Ich kann das nicht mit Sicherheit sagen, aber ich glaube die meisten kamen heraus."*[46]

Als Olaus endlich auf das Bootsdeck gelang, versuchte er gemeinsam mit seinem Schwager und seinem Cousin sein Glück auf der Backbordseite, musste aber feststellen, dass dort nur noch zwei Boote übrig waren. Daraufhin gingen die Männer hinüber auf die Steuerbordseite. Dort kam einer der Offiziere vorbei und fragte, ob es irgendwelche Seeleute gäbe, doch da ihn sein Schwager und sein Cousin baten bei ihnen zu bleiben meldete sich Olaus nicht, obwohl er sechs Jahre lang Fischer gewesen war.

„Dann blieben wir dort und wir standen einfach still herum. Wir redeten nicht viel. Nicht weit entfernt von uns sah ich ein altes Paar auf dem Deck und hörte, wie dieser Mann zu seiner Frau sagte: ‚Geh in das Rettungsboot und rette Dich!' Er legte seine Hand auf ihre Schulter und ich glaube, sie antwortete: ‚Nein, lass mich bei Dir bleiben.' Ich könnte nicht sagen, wer es war, aber ich sah, dass er ein alter Mann war. Ich beobachtete ihn nicht weiter, weil ich ihn nicht kannte."

HIER SCHEINT OLAUS ABELTSETH MIT ZIEMLICHER SICHERHEIT DAS LEGENDÄRE EHEPAAR IDA UND ISIDOR STRAUS GESEHEN ZU HABEN, DAS GEMEINSAM MIT DER TITANIC UNTERGING.

---

[46] Aussage Olaus Abelseth vor dem amerikanischen Untersuchungsausschuss, Freitag, 3.Mai 1912

„Ich stand da und fragte meinen Schwager, ob er schwimmen könne und er sagte nein. Ich fragte meinen Cousin, ob er schwimmen könnte und er sagte nein. Wir konnten sehen, wie das Wasser näherkam und der Bug des Schiffs ging nach unten und dann gab es eine Art Explosion. Wir konnten das Krachen hören. Das Deck wurde nun so steil, dass die Menschen nicht mehr auf ihren Füßen stehen konnten. Daher fielen sie nach unten und schlitterten vom Deck direkt ins Wasser. Wir hingen an einem Tau der Davits. Wir waren ziemlich weit hinten auf dem Topdeck.

Mein Schwager sagte zu mir: ‚Wir sollten jetzt springen, oder der Sog wird uns nach unten ziehen.‘ Ich sagte: ‚Nein, wir springen jetzt noch nicht. Wir haben sowieso keine große Chance, also können wir hier solange bleiben wie wir können.‘ Dann, als das Wasser nur noch fünf Fuß entfernt war, sprangen wir. Es war kein großartiger Sprung. Davor konnten wir sehen, wie die Leute sprangen. Das Wasser kam an Deck und sie sprangen einfach ins Wasser.

Mein Schwager nahm meine Hand, als wir sprangen und mein Cousin sprang zur gleichen Zeit. Als wir ins Wasser kamen, vielleicht war es der Sog, auf jeden Fall tauchten wir unter und ich schluckte etwas Wasser. Ich verfing mich in einem Tau und ließ die Hand meines Schwagers los, um mich aus dem Tau zu befreien. Aber als ich wieder nach oben kam und versuchte zu schwimmen, war da ein Mann – viele trieben herum – der mich am Hals zu fassen bekam und mich nach unten drückte und versuchte auf mich zu steigen. Ich sagte zu ihm: ‚Lass los‘, was er natürlich nicht beachtete, aber ich wurde ihn los. Dann gab es da noch einen anderen Mann, der eine Zeitlang an mir festhing, aber er ließ los.

Dann schwamm ich. Ich kann nicht sagen, aber es müssen 15 oder 20 Minuten gewesen sein. Ich hätte es nicht mehr *schaffen können. Dann sah ich etwas Dunkles vor mir. Ich wusste nicht, was es war, aber ich schwamm in diese Richtung und es war eines der Faltboote. Als ich auf dieses Floß oder Faltboot kam, versuchte man nicht, mich herunterzustoßen, man half mir aber auch nicht hinaufzuklettern. Alles, was sie sagten, als ich es geschafft hatte, war: ‚Bringen Sie das Boot nicht zum Kentern.' Bevor ich hineinkletterte, klammerte ich mich an das Boot. Einige von ihnen versuchten, auf die Füße zu kommen. Sie saßen oder lagen auf dem Floß. Einige fielen wieder ins Wasser. Einige waren erfroren und es gab zwei Tote, die sie über Bord warfen. Ich stieg auf das Floß oder Faltboot und stellte mich auf und bewegte dann ständig meine Arme, um mich warm zu halten.“* [47]

Olaus Abelseth überlebte diese schreckliche Nacht und gehörte zu den Glücklichen die am Morgen nach dem Untergang das Deck der CARPATHIA erreichten.

VON DER URSPRÜNGLICH SECHSKÖPFIGEN GRUPPE ÜBERLEBTEN NUR ANNA SALKJELSVIK, KAREN MARIE ABELSETH SOWIE OLAUS ABELSETH DEN UNTERGANG DER TITANIC.

Dort bekam er sofort eine warme Decke übergeworfen. Danach ging er in den Speisesaal um dort einen Schnaps und heißen Kaffee zu trinken. Er schlief an Bord der CARPATHIA die ganze Zeit in den gleichen Sachen, die er die Nacht in dem überfluteten Boot getragen hatte.

Nach seiner Ankunft in New York blieb er für einige Tage im St. Vincent Hospital, denn die Unterkühlungen

---

[47] Aussage Olaus Abelseth vor dem amerikanischen Untersuchungsauschuss, Freitag, 3.Mai 1912

die er im eisigen Wasser davongetragen hatte, machten ihm zu schaffen. Nachdem er seine Aussage vor dem amerikanischen Untersuchungsausschuss gemacht hatte, brach er dann endlich nach Minneapolis auf.

In den Jahren 1912 und 1913 reiste er nach Kanada, Indianapolis und Montana, bevor er zu seiner Farm in South Dakota zurückkehrte.

Im Juli 1915 heiratete er Anna Grinde in South Dakota. Sie war seine erste Frau, während er ihr zweiter Ehemann war. Olaus arbeitete noch 30 Jahre auf seinem Hof und bekam mit Anna vier Kinder. Ihr zweiter Sohn starb allerdings schon im Alter von 3 ½ Jahren, die anderen Kinder waren: George, Helen und Mae.

Im Jahre 1946 zog er sich nach Reeder, North Dakota, zurück. Zwei Jahre später zogen sie nach Tacoma, Washington, und 1960 schließlich nach Whetting, North Dakota, bevor sie sich in Hettinger, Adams Co., North Dakota, niederließen.

Seine Frau Anna feierte 1977 ihren 100. Geburtstag und starb im August 1978.

Olaus Abelseth starb am Donnerstag, den 4. Dezember 1980, im Alter von 94 Jahren und war damit der am zweitlängsten lebende männliche Überlebende der TITANIC-Tragödie. Er wurde auf dem Glendo Cemetery in Ralph, South Dakota begraben.

DIE ABENTEUERLICHE REISE ZWEIER GESCHWISTER AN BORD DER TITANIC

Nachdem die TITANIC den Hafen von Southampton verlassen hatte, machte sie sich auf den Weg in die französische Hafenstadt Cherbourg, wo sie am frühen Abend des 10. April 1912 ankam.

Da die TITANIC wegen ihrer enormen Größe in Cherbourg nicht anlegen konnte, wurden die 274 Passagiere (142 der Ersten, 30 der Zweiten sowie 102 der Dritten Klasse) mit den beiden Tender-Schiffen der White Star Line, TRAFFIC und NOMADIC, an Bord gebracht.

Das Tenderschiff NOMADIC um die Jahrhundertwende © gemeinfrei

Die NOMADIC 2024 in Belfast © Privatfoto Norbert Zimmermann

Dort gingen zwei minderjährige, libanesische Geschwister an Bord des brandneuen Luxusliners. Es handelte sich dabei um den 11-jährigen Ilyās Nīqūla Yārid und seine 13-jährige Schwester Jamīlah Nīqūla Yārid.

Seit 1904 war ihre Familie schrittweise aus dem Libanon in die USA ausgewandert und die beiden Heranwachsenden waren die letzten Familienmitglieder die sich nun gemeinsam mit ihrem Vater Nīqūla Yārid auf die Reise in die Neue Welt aufmachten, um sich in Jacksonville, Florida, zum Rest der Familie zu gesellen.

Im März 1912 hatten die drei ihr Dorf im Libanon verlassen um sich auf die Reise nach Beirut zu begeben.

Von dort ging es weiter nach Marseille, wo sie ein Ticket für die Jungfernfahrt der TITANIC kauften.

Von Marseille reisten sie nach Cherbourg, um an Bord der TITANIC zu gehen.

Allerdings erlebten sie dort eine böse Überraschung, denn Nīqūla Yārid fiel aufgrund einer ansteckenden Augenentzündung durch die obligatorische ärztliche Untersuchung und durfte nicht an Bord des Schiffes gehen.

Seine beiden minderjährigen Kinder jedoch bestanden die Untersuchung und durften an Bord und nach kurzer Beratung wurde entschieden, dass die beiden Geschwister die lange Reise alleine antreten sollten, während der Vater in Frankreich zurückbleiben und später nachkommen sollte.

So gingen Jamīlah und Iyās Nīqūla Yārid als Passagiere der Dritten Klasse an Bord (Ticketnummer 2651, Kosten: £11, 4s, 10d) der TITANIC. Da beide kein Englisch sprachen, waren sie wahrscheinlich darauf angewiesen, dass sie freundliche Landsleute an Bord des Luxusliners treffen und sich ihnen anschließen konnten.

Die Tage an Bord des neuen Schiffes verliefen angenehm und ruhig und nichts deutete auf eine Katastrophe hin. Die beiden Geschwister hatten in der doch recht großen libanesischen Community an Bord der TITANIC (die Angaben schwanken von 93 bis 125 Libanesen an Bord) schnell Anschluss gefunden, freuten sich darauf ihre Familie in den USA wiederzusehen und hofften darauf, dass ihr Vater schnell nachkommen könne.

Als die TITANIC am Sonntag um 23:40 Uhr Bordzeit die verhängnisvolle Kollision mit dem Eisberg hatte, lagen die beiden Geschwister bereits im Bett.

Wie viele Passagiere im Zwischendeck wurden sie durch einen heftigen Stoß geweckt und machten sich Gedanken über die lauten Geräusche, die sie kurz darauf vor ihrer Kabine hörten, als viele aufgeregte Passagiere aus ihren Kabinen kamen und sich fragten was gerade passiert war und was dieser heftige Stoß, der einige aus dem Schlaf gerissen hatte, zu bedeuten hatte.

Jamīlah bat daraufhin ihren Bruder der Sache auf den Grund zu gehen, aber Ilyās zeigte wenig Interesse daran sein warmes Bett zu verlassen. Seine zwei Jahre ältere Schwester setzte sich dann doch durch und so verließen die beiden ihre Kabine und schlossen sich einer größeren Gruppe von Zwischendeckpassagieren auf ihrem beschwerlichen Weg zum Bootsdeck an.

Als sie dort angekommen waren, erinnerte sich Jamīlah an die 500 Dollar, die ihr Vater den beiden für ihre Reise gegeben hatte. Um das Geld zu holen, kehrten beide um und liefen zurück zu ihrer Kabine.

Als sie an ihrer Kabine angekommen waren, mussten sie feststellen, dass der Gang bereits mit Wasser geflutet war und sie die Tür zu ihrer Kabine nicht mehr öffnen konnten.

Sie taten das einzig Richtige und beschlossen, dass ihnen ihr Leben wichtiger war als die 500 Dollar in ihrer Kabine und kehrten auf schnellstem Weg zum Bootsdeck zurück.

Dort angekommen gelangten sie zu ihrem Glück in ein
Rettungsboot was gerade abgefiert wurde.

In welchem Rettungsboot die beiden jungen Libanesen
gerettet wurden, ist nicht bekannt, aber sie überlebten
den Untergang der TITANIC. Das war für Jamīlah ein
zusätzliches Geburtstagsgeschenk, denn der 15. April
1912 war ihr 14. Geburtstag.

Bei ihrer Ankunft in New York wurden Jamīlah und
Ilyās von ihrem überglücklichen älteren Bruder Isaac
(1894-1985) in Empfang genommen, der sie zu seinem
Haus in Nova Scotia brachte, wo sie sich mehrere
Monate von ihrem traumatischen Erlebnis erholten.

Erst im Juli 1912 traf auch ihr Vater in den USA ein und
die Familie wurde wieder zusammengeführt und ließ
sich wie geplant in Jacksonville nieder.

Um den beiden Geschwistern die Eingewöhnung in
ihrer neuen Heimat zu erleichtern, änderte er den
Familiennamen von Yārid in Garrett und auch ihre
Namen wurden von Jamīlah in Amelia und von Ilyās in
Louis Nicholas geändert.

Am Sonntag, den 13. Dezember 1914, heiratete Amelia
den drei Jahre älteren, libanesischen Einwanderer Isaac
Abdallah Isaac, der bereits 1905 in die USA
eingewandert war.

Das Paar hatte sieben gemeinsame Kinder, vier Töchter
und drei Söhne. Ihr Ehemann Isaac besaß ein
Lebensmittelgeschäft und erwarb in späteren Jahren

einige Immobilien als Kapitalanlage und arbeitete als Öllieferant.

Er starb am Sonntag, den 20. September 1942. Amelia heiratete nicht noch einmal und blieb für den Rest ihres Lebens in Jacksonville.

Amelia avancierte im Laufe der Jahre zu einer lokalen TITANIC-Berühmtheit und wurde oft gebeten, vor Schulklassen zu sprechen oder auch Zeitungsinterviews zu geben. Im Jahre 1953 nahm sie an einer Vorführung des Clifton Webb und Barbara Stanwyk-Films TITANIC teil, die ihr zu Ehren im Florida-Theater stattfand.

Am Sonntag, den 8. März 1970, starb Amelia, vormals Jamīlah, im Alter von 71 Jahren und wurde auf dem Evergreen Cemetery in Jacksonville beigesetzt.

Ihr jüngerer Bruder Louis arbeitete zunächst für seinen älteren Bruder Isaac und lebte mit ihm in seinem Haus.

Am Freitag, den 5. Februar 1926, heiratete er die vier Jahre ältere Schwägerin seines Bruders Elizabeth Shedise, die ebenfalls eine libanesische Einwanderin war und bereits im Jahr 1900 in die USA gekommen war. Das erste Kind des Paares, ein namenloser Sohn, kam am Samstag, den 2. April 1927, zur Welt, starb aber noch am selben Tag. Ihr Sohn Kenneth kam zwei Jahre später zur Welt.

Die kleine Familie lebte weiterhin in Jacksonville wo Louis als Lebensmittelhändler seinen Lebensunterhalt verdiente. In späteren Jahren wurde er Zeuge Jehovas und reiste in den späten 1940er Jahren mit dem Flugzeug in seine alte Heimat Libanon zurück.

Er sprach – im Gegensatz zu seiner älteren Schwester – nur sehr selten über seine Erlebnisse auf der TITANIC, und wenn er es tat, wurde er sehr emotional und brach oft in Tränen aus.

Es traf ihn schwer als seine geliebte Schwester Amelia 1970 starb und elf Jahre später, am Sonntag, den 31.Mai 1981, starb Louis, vormals Ilyās, im Alter von 81 Jahren in Tucker, Georgia, während er seinen Sohn Kenneth besuchte, der 1973 mit seiner Frau Ann dorthin gezogen war. Wie seine Schwester wurde auch er auf dem Evergreen Cemetery in Jacksonville beigesetzt.

DIE TRAURIGE GESCHICHTE VON ROSA ABBOTT

Ein Jahr bevor die TITANIC ihre erste und letzte Fahrt antrat, stand das Leben der 38-jährigen Rosa Abbott vor großen Veränderungen. Ihr Ehemann Stanton Abbott, ein bekannter Schwergewichtsboxer und Sportveranstalter aus Providence, Rhode Island, ließ sich nach 18 Jahren Ehe von ihr scheiden. Rosa war plötzlich fast mittellos und musste mit ihren beiden Söhnen, dem 13-jährigen Eugene und dem 15-jährigen Rossmore, in eine kleine Wohnung ziehen. Um die Familie zu ernähren, nahm sie Näharbeiten an.

Im August 1911 wurde ihre finanzielle Lage so angespannt, dass Rosa mit ihren beiden Söhnen die USA verließ, um zu ihrer Familie nach England zu ziehen. Sie reisten mit der OLYMPIC zu ihrem Bruder und ihrer Mutter nach St. Albans in Hertfordshire. Doch die Teenager, die beide in den USA geboren und aufgewachsen waren, fühlten sich in der neuen Umgebung nicht wohl. Sie bekamen Heimweh nach Amerika und drängten ihre Mutter, zurückzukehren.

Schließlich ließ sich Rosa überreden. Sie wandte sich an die Auswandererabteilung der Heilsarmee, die ihre Rückreise in die USA organisierte. Ursprünglich war geplant, dass sie mit der PHILADELPHIA reisen, doch der landesweite Kohlenstreik legte dieses Schiff, wie viele andere auch, in Southampton lahm. Daher wurden sie auf die TITANIC umgebucht und verließen

Southampton am 10. April 1912 (Ticketnummer CA2673).

Rossmore, der inzwischen 16 Jahre alt war, schrieb noch seinen Freunden an der Oxford Street School in Providence, dass er bald nach Hause zurückkommen würde.

In der Nacht des Unglücks schlief Rosa Abbott in ihrer Kabine, die sich einige Kabinenblocks entfernt von der Kollisionsstelle befand. Der Zusammenstoß der TITANIC mit dem Eisberg war dort kaum spürbar und Rosa merkte zunächst nichts davon. Erst kurz nach Mitternacht, klopfte ein Steward an ihre Kabinentür und weckte sie auf. Er forderte sie auf, eine Schwimmweste anzulegen.

Rosa nahm ihre Söhne und wartete mit ihnen am Fuß der Treppe auf dem E-Deck auf Anweisungen. Da jedoch niemand kam, um den Passagieren in der Dritten Klasse zu helfen, entschloss sich Rosa schließlich, mit ihren Söhnen allein zum Bootsdeck zu gehen.

Zu ihrem Pech kamen die Abbotts auf der Backbordseite an Deck der schon merklich sinkenden TITANIC an.

Dort legte der Zweite Offizier Charles Herbert Lightoller die Order des Kapitäns „Frauen und Kinder zuerst" so strikt aus, dass er *nur* Frauen und Kinder (Mädchen aber keine Jungen) in die Rettungsboote ließ.

Sein Kollege auf der Steuerbordseite, der Erste Offizier William McMaster Murdoch, hielt sich zwar ebenfalls an den Befehl, ließ aber auch Männer und Jungen in die

136

Boote einsteigen, wenn keine Frauen und Kinder mehr in der Nähe waren.

Er wollte die Boote lieber voll besetzen als sie halbleer abzufieren. So rettete Murdoch unzähligen Männern und Jungen das Leben.

Die Abbott-Jungen wurden nicht durch die bewachte Absperrung am Brunnendeck gelassen, da sie als 14 und 16 Jahre alte Teenager in den Augen der Offiziere bereits Männer waren.

Ein Offizier sagte zu Rosa, sie könne zu den Booten gehen, doch nur ohne ihre beiden Söhne. Das kam für Rosa keinesfalls infrage und so blieb sie an Bord der TITANIC mit nur geringen Chancen auf eine mögliche Rettung.

Das Bootsdeck füllte sich in der Zwischenzeit mit immer mehr Passagieren aus der Dritten Klasse die aus den Treppenhäusern auf das Deck strömten, nur um dann festzustellen, dass die meisten Rettungsboote das sinkende Schiff bereits verlassen hatten.

Der 14-jährige Eugene ahnte, dass sie diese Nacht mit ziemlicher Sicherheit nicht überleben würden und fiel auf die Knie und begann für das Leben seiner Mutter zu beten. Eine herzzerreißende Szene!

Als die Brücke der TITANIC im eiskalten Nordatlantik versank und sich das Heck des Schiffes bereits merklich in die Höhe hob, gab es mit Faltboot A nur noch ein einziges Boot, das zu Wasser gelassen werden konnte.

Das Faltboot war auf dem Dach der Offiziersquartiere befestigt und alle irgendwie verfügbaren Hände mühten sich verzweifelt, das Boot vom Dach herunter und in die Wellin-Davits zu wuchten, um es ins Wasser abfieren zu können.

Der Steward Edward Brown war in das Boot geklettert und rief, dass die Taue in dem Augenblick gekappt werden müssten, in dem das Schiff in die Tiefe sinkt. Genau in diesem Augenblick spülte eine riesige Wasserwelle das Faltboot und die verbliebenen Passagiere in das eiskalte Meerwasser.

Die in unmittelbarer Nähe stehende Rosa umklammerte in tiefer Verzweiflung die Hände ihrer Söhne, als sie vom Deck gefegt wurden. Sie versuchte sie festzuhalten, aber sie entglitten ihrem Griff.

Vor ihren Augen versank zuerst Eugene und dann auch Rossmore im Meer.

Nach Luft schnappend kämpfte sich Rosa durch die Menschenmassen, die um sie herum im eiskalten Wasser zappelten, an ihren Kleidern zerrten und versuchten sich an ihrem Körper nach oben zu ziehen.

Sie schlug mit ihrem Armen wild um sich, als sie zwischen den im Meer verstreuten Trümmern des gesunkenen Luxusliners nach ihren Söhnen suchte und dabei japsend und um Luft ringend immer wieder ihre Namen rief. Doch es war hoffnungslos. Ihre beiden Söhne waren mit dem Schiff untergegangen.

Nach einiger Zeit wurde sie von starken Händen in Faltboot A gezogen, an dem sich zu diesem Zeitpunkt etwa 30 Männer festklammerten. Stundenlang standen sie im knöcheltiefen Eiswasser und warteten auf Hilfe.

Am Ende der Nacht waren von den ursprünglich 30 Insassen nur noch zwölf oder 13 übriggeblieben, unter ihnen war Rosa Abbott!

Als das Boot kurz vor dem Sonnenaufgang bereits sehr tief im Wasser lag, sahen die im Boot verbliebenen Menschen ein anderes Rettungsboot, das unter Segel genau in ihre Richtung steuerte.

Sie schrien aus Leibeskräften, um auf ihre mehr als dramatische Notlage aufmerksam zu machen und Offizier Harold Lowe, der das Rettungsboot befehligte, schaffte alle Insassen aus dem Faltboot schließlich sicher in sein Boot Nummer 14.

Danach öffnete er die Bordventile des Faltbootes und kappte die Leinen. Das Boot trieb mit drei Toten an Bord davon, deren Gesichter mit Rettungswesten bedeckt wurden. Am Freitag, den 3. Mai 1912, wurde Faltboot A von der OLYMPIC entdeckt und die Leichen wurden auf See bestattet.

An den Transfer in Lowes Rettungsboot konnte sich Rosa kaum noch erinnern, aber der Heizer Thomas Threlfall gab an, dass er sie in seinen Armen gehalten habe, bis sie an Bord der CARPATHIA gebracht wurde.

Dort erhielt Rosa ein einfaches Bett und verbrachte die nächsten Tage überwiegend dort, völlig erschöpft und traumatisiert.

Die einzige Person, mit der Rosa in dieser Zeit sprach, war Amy Stanley, deren Kabine auf der TITANIC in Rosas Nähe gelegen hatte. Amy kannte Rosas Söhne und konnte ihr so Trost spenden. Wenn Rosa mit Amy über ihre Kinder und das gemeinsame Leben sprach, klammerte sie sich an die Vorstellung, dass ihre beiden Jungen vielleicht noch leben könnten. Amy Stanley pflegte Rosa geduldig, strich ihr sanft durch die Haare und entfernte dabei ein Stück Kork, das sich in Rosas dunklem Haar verfangen hatte.

Amy Stanley erinnerte sich später lebhaft daran:

"Wir standen uns sehr nahe, seit wir zusammen auf der Titanic waren. Und ihre Kabine befand sich in der Nähe der meinen. Ich war die einzige, mit der sie über ihre Söhne sprechen konnte, weil ich sie selbst kannte. Sie sagte mir, dass sie in das Rettungsboot steigen würde, wenn nicht so viele Leute da gewesen wären. So blieben sie und ihre Söhne zusammen. Sie war dankbar, dass die beiden mit ihr auf dem Wrackteil geblieben waren. Der Jüngste ging zuerst, dann ging der andere Sohn. Sie wurde taub und kalt und konnte sich nicht mehr daran erinnern, wann sie die Carpathia betreten hatte. Sie hatte ein Stück Kork in den Haaren und es dauerte lange, bis ich einen Kamm bekam, aber schließlich bekamen wir es heraus." [48]

[48] www.emcyclopedia-titanica.org- Rosa Abbott

Nach ihrer Ankunft in New York wurde Rosa von der Heilsarmee in Empfang genommen und in das St. Vincent Hospital gebracht. Sie litt an schweren Erfrierungen; ihre Beine hatten durch die eisige Kälte Schaden genommen und sahen wie verbrannt aus. Wegen ihres kritischen Zustands blieb sie zunächst abgeschottet von neugierigen Blicken und erholte sich nur langsam von ihren Verletzungen. Nach rund zwei Wochen durfte sie das Krankenhaus verlassen und erhielt finanzielle Unterstützung: 750 Dollar vom Frauenhilfskomitee und 250 Dollar vom Titanic-Hilfsfonds.

Bis Juni 1912 hielt sich Rosa dann im White Plains im Bundesstaat New York auf, wo sie sich noch immer in ärztlicher Behandlung befand. Die Heilsarmee bot ihr Unterstützung und riet ihr, zu ihrer Familie nach England zurückzukehren. Doch Rosa konnte nach dem erlebten Trauma nie wieder ein Schiff betreten.

Unterdessen hatten Freunde ihres ältesten Sohnes Rossmore am 23. April 1912 einen Gedenkgottesdienst abgehalten. Dabei sangen sie das Lied „Nearer My God to Thee" und beteten das Vaterunser.

Der Schuldirektor würdigte Rossmore als einen *„gewissenhaften Schüler mit liebenswerten Eigenschaften, dessen ausgezeichnete Gelehrsamkeit Anerkennung fand, als er an seinem Abschlusstag in der Schule die Anthony-Medaille erhielt…"*[49]

---

[49] www.emcyclopedia-titanica.org- Rosa Abbott

Als die MACKAY-BENNET die Leiche von Rossmore fand, steckte diese Medaille in seiner Tasche. Sie war an einer Uhr mit der Inschrift „Oxford St. Grammar School" befestigt.

Weil Rossmores Leiche zu entstellt war, um sie einzubalsamieren, wurde die Leiche noch auf See bestattet. Die Leiche seines jüngeren Bruders Eugene wurde nie gefunden.

Rosa zog im Jahr 1913 nach Jacksonville, Florida, da sie durch die eisige Kälte während der Katastrophe chronisches Asthma entwickelt hatte und ein milderes Klima suchte. In einem Brief an ihre befreundete TITANIC-Überlebende Emily Goldsmith, geschrieben im März 1914, berichtete sie, dass sie in der Zwischenzeit geheiratet habe, da sie nicht mehr in der Lage war, hart zu arbeiten. Und so hatte sie einen Heiratsantrag von einem alten Freund angenommen, der ihr nun Schutz und Versorgung bot. Rosa und Emily blieben viele Jahre in brieflichen Kontakt. In einem weiteren Brief, den Rosa an Emily schrieb, erzählte sie ihr, wie oft sie Emily um ihre Söhne beneidete, nachdem sie – Rosa – ihre eigenen Söhne beim Untergang der TITANIC verloren hatte."

Außerdem warnte Rosa Emily, die sich ebenfalls wieder verheiraten wollte und gab ihr den Rat, alles was sie bekommen würde, unter ihrem eigenen Namen einzutragen, so dass sie in der Lage sei, für sich selbst zu sorgen, falls die Liebe ihres Mannes schwinden würde. (Am Sonntag, den 2. Mai 1914, heiratete Emily Goldsmith schließlich Harry Illman, siehe „Die Geschichte von Frankie Goldsmith".

Im weiteren Verlauf des Briefes berichtete sie, wie schwer es für ihren Mann, Mr. Williams, einem Silberschmied aus London, sei, Arbeit zu finden und sie deutete an, dass sie vielleicht bald umziehen müssten. Um ihre finanziellen Probleme abzumildern, vermiete sie deshalb Zimmer. Diesen Brief unterschrieb sie mit „Rhoda".

Im Jahre 1928 verschwanden Rosa und ihr Mann aus dem Einwohnerverzeichnis von Jacksonville und ihre Spur verlor sich für viele Jahre.

Am Montag, den 18. Februar 1946, verstarb Rosa Abbott schließlich im Alter von 73 Jahren.

DAS TRAGISCHE SCHICKSAL DER FAMILIE SKOOG

Nordeuropa, insbesondere die Länder Skandinaviens, waren gegen Ende des 19. Jahrhunderts stark von Armut betroffen. Für viele Menschen war die Auswanderung in die USA der einzige Ausweg, um der Not zu entkommen.

Wilhelm Johansson Skoog, geboren am 6. April 1872 in Forshem, Skaraborg, Schweden, war einer dieser Auswanderer. Als Sohn eines Landwirts war er an harte Arbeit gewöhnt, doch sah er in Schweden kaum Möglichkeiten für ein besseres Leben.

Am 5. Juni 1898 heiratete er Anna Bernhardina Karlsdotter, die sechs Jahre älter war als er und lange als Dienstmädchen für verschiedene Familien gearbeitet hatte. Das Paar erlebte jedoch bald einen schweren Schicksalsschlag: Ihr Sohn Johan Erik, geboren am 18. Juni 1899, starb bereits drei Monate später, am 16. September desselben Jahres.

Nach diesem Verlust zog das Paar am 27. Oktober 1899 nach Österplana, Hällekis, wo sie ein neues Leben beginnen wollten. Doch schon bald beschlossen sie, Schweden ganz zu verlassen und genau wie zahlreiche ihrer Landsleute in die USA auszuwandern.

Am 25. April 1900 reisten sie von Göteborg nach Hull in England und von dort weiter nach Liverpool. Am 8. Mai 1900 bestiegen sie dort das Schiff ULTONIA und kamen am 15. Mai 1900 in Boston, Massachusetts an. Sie zogen weiter nach Iron Mountain, Michigan, wo ein Freund der Familie, John Olsson, bereits lebte.

Anders als viele andere Einwanderer konnten Wilhelm und Anna lesen und schreiben, was ihnen half, sich in ihrer neuen Umgebung schneller einzuleben. In den kommenden Jahren bekamen sie vier weitere Kinder: Karl Torsten (geboren am 13. Juli 1900), Mabel C. (geboren am 22. Juli 1902), Harald V. (geboren am 22. August 1906) und Margit Elizabeth (geboren am 14. April 1910).

1910 lebte die Familie in der West Street 318 in Iron Mountain. Wilhelm, inzwischen amerikanischer Staatsbürger, arbeitete als Ingenieur in der Pewabic Mine, unweit ihres Wohnorts. In dieser Zeit erlitt ihr ältester Sohn Karl einen schweren Unfall bei der Eisenbahn, der das Leben der Familie stark veränderte: Sein linkes Bein musste amputiert werden, und auch an seinem rechten Bein mussten die Zehen entfernt werden. Fortan war Karl auf Krücken angewiesen.

1911 entschied die Familie, Iron Mountain zu verlassen und zurück nach Hällekis, Schweden, zu ziehen. Doch sie merkten bald, dass sie und ihre Kinder zu sehr an das Leben in Amerika gewöhnt waren, um sich in Schweden wieder wohlzufühlen. Deshalb beschlossen sie, nach Michigan zurückzukehren.

Mit ihnen reisten Jenny Hendriksson und Elin Nathalia Pettersson, eine Nichte von Wilhelm. Am 5. April 1912 verließ die Familie Skoog gemeinsam mit ihren Begleiterinnen Göteborg und reiste auf dem Dampfer

CALYPSO nach Hull, England, wo sie am Sonntag, den 7.April 1912, ankamen.

Von dort fuhren sie nach Southampton, wo sie dann am 10. April 1912 als Passagiere der Dritten Klasse an Bord der TITANIC gingen (Ticketnummer 347088, Preis £27,18).

Nach der Kollision der TITANIC mit dem Eisberg hatten Wilhelm und Anna vermutlich Schwierigkeiten, mit ihren vier kleinen Kindern, von denen eines auf Krücken angewiesen war, das Bootsdeck zu erreichen.

Die gesamte Familie Skoog kam beim Untergang der TITANIC ums Leben.

Die Leichen der Familienmitglieder wurden nie gefunden.

Die Zeitung „The Diamond Drill" aus Crystal Falls in Michigan berichtet am 27. April 1912 vom tragischen Schicksal der Familie Skoog:

„Herr Skoog verkaufte im letzten Herbst seinen Besitz in Iron Mountain und reiste zu einem Besuch nach Schweden. Wenn es ihm dort gefallen würde, wollte er Eigentum erwerben und sich im alten Land niederlassen, aber die Gepflogenheiten seines Heimatlandes schienen ihm nach so langer Zeit in Amerika langsam zu sein, und er beschloss, mit seiner Familie zurückzukehren und seinen Wohnsitz in diesem Land fortzusetzen. Er segelte auf der Titanic und wird zu den Vermissten gezählt."[50]

---

[50] The Diamond Drill vom 27. April 1912

Auch die beiden Verwandten der Skoogs überlebten die Tragödie nicht und gingen mit dem Schiff unter.

Während die Leiche von Elin Pettersson niemals geborgen wurde, wurde Jennys Körper später gefunden, blieb aber viele Jahre unidentifiziert.

Ihre Kleidung trug die Kennzeichnung „JH" und Jenny Hendriksson war der einzige weibliche Passagier an Bord der TITANIC mit diesen Initialen.

Die Beschreibung der Leiche enthält einen sogenannten „Cholera-Gürtel"; trotz des ungewöhnlichen Namens handelte es sich dabei einfach um ein langes Tuch, das zur Unterstützung und Wärme um die Taille gewickelt wurde und oft Taschen für Bargeld enthielt.

Ihr Leichnam wurde später nach Halifax überführt und auf dem Fairview-Friedhof in Halifax, Nova Scotia, beigesetzt.

DIE GLÜCKLICHE RETTUNG DER FAMILIE COUTTS

Die 36-jährige Minnie Coutts (geb. Trainor) war gemeinsam mit ihren beiden Söhnen William (neun Jahre) und Neville (drei Jahre) in Southampton an Bord der TITANIC gegangen.

Minnie war die Tochter von Hugh und Mary Trainor, einem katholischen Paar aus Irland. Ihr Vater war Landwirt und sie wuchs in einem katholisch geprägten Haushalt auf. Im Frühjahr 1902 heiratete sie William Coutts, einen Gold- und Silbergraveur aus Schottland, der früher Soldat gewesen war. Das Paar lebte in Kent, England, und im Oktober 1902 wurde dort ihr erster Sohn William geboren. Sechs Jahre später, im Oktober 1908, kam der zweite Sohn Neville in Wiltshire zur Welt.

Die Familie stand finanziell nicht gut da, und bald reifte der Plan, in die USA auszuwandern, um dort bessere Chancen auf ein gutes Leben zu haben. William Coutts wanderte zuerst aus, um dort eine neue Existenz für die Familie aufzubauen und Geld zu verdienen, damit seine Frau und die Kinder bald nachkommen könnten.

Anfang 1912 hatte William genug Geld gespart und schickte Minnie das Geld für eine Schiffspassage Zweiter Klasse, damit sie mit den Söhnen zu ihm nach New York ziehen konnte. Die Familie sollte dort in ihrem neuen Haus in der Fourth Avenue in Brooklyn leben. Um jedoch etwas Geld für die Einrichtung zu sparen, buchte Minnie für sich und die beiden Jungen günstigere

Tickets in der Dritten Klasse. Am 10. April 1912 ging sie in Southampton mit ihren Kindern an Bord der TITANIC (Ticketnummer CA37671, Preis £15, 18s).

In der Nacht der Kollision schlief Minnie in ihrer Kabine. Da sie einen leichten Schlaf hatte, wachte sie durch das Rütteln des Schiffs auf, dachte sich jedoch zunächst nichts dabei und blieb im Bett. Etwa 15 Minuten später begann sie, sich Sorgen zu machen, stand auf und ging in den Gang, um nachzusehen, was passiert war.

Auf dem Gang war es recht voll und sie hörte, wie einige Passagiere von Rettungsbooten sprachen, während andere all ihre Habseligkeiten bei sich trugen. Das machte Minnie unruhig und sie ging zurück in die Kabine, um ihre Kinder zu wecken. Sie zog die Jungen an und legte ihnen Rettungswesten an. Als sie nach einer Rettungsweste für sich selbst suchte, konnte sie keine finden.

Ohne weiter zu zögern, nahm Minnie ihre beiden Söhne und machte sich auf den Weg zu den Gemeinschaftsräumen auf dem Zwischendeck, doch der Zugang zu den Rettungsbooten war blockiert. Als sie die Hoffnung schon fast aufgegeben hatte, kam ein Matrose und rief: „Schnell, alle Frauen und Kinder zu den Rettungsbooten!" Er führte Minnie und die Jungen aufs Bootsdeck.

Dort angekommen, erklärte sie dem Matrosen, dass sie keine Rettungsweste für sich habe. Ein Amerikaner in der Nähe hörte das und bot Minnie seine eigene Rettungsweste an. Er hob seinen Hut, reichte ihr die

Weste und sagte: „Nehmen Sie meine Rettungsweste, Madam!"

Dann tätschelte er die Köpfe der beiden Jungen und bat Minnie: „Wenn ich untergehe, betet bitte für mich!"

IN MEHREREN SPÄTEREN BERICHTEN ERZÄHLTE SIE, DASS ES EIN BESATZUNGSMITGLIED ODER EIN OFFIZIER WAR, DER IHR DIE RETTUNGSWESTE ANBOT, NACHDEM ER SIE IN SEINE EIGENE KABINE GEBRACHT HATTE, UM SIE ZU HOLEN UND DANN DARUM BAT, FÜR IHN ZU BETEN, FALLS ER UNTERGEHEN SOLLTE. DARAN SIEHT MAN, WIE SICH ERINNERUNGEN IM LAUFE DER JAHRE VERÄNDERN KÖNNEN...

Als Minnie mit ihren Söhnen das Rettungsboot besteigen wollte, trat ein weiteres Problem auf. Da der 9-jährige William einen Strohhut trug, verweigerte ein Offizier ihm den Zutritt, da er mit diesem Hut angeblich älter aussah als neun Jahre und er ihn als Mann einstufen und damit zum sicheren Tod verurteilen wollte.

Es kostete Minnie viel Überzeugungskraft, den Offizier zu überzeugen, dass William erst neun Jahre alt und damit keineswegs schon als Mann zu betrachten sei. Schließlich sagte sie: „Wenn er nicht mitkommt, kommen wir auch nicht mit!"

Der Offizier gab dann zum Glück nach und ließ alle drei in das Rettungsboot Nummer 2 steigen, dass nach Minnies Aussage nur mit etwa 17 Personen besetzt war.

AUCH DIESE SZENE ZEIGT, WIE UNSINNIG DER BEFEHL „FRAUEN UND KINDER ZUERST" WAR, WENN MAN DIE JUNGEN DAVON AUSNAHM.

So überlebten Minnie und ihre Söhne William und Neville den Untergang der TITANIC und wurden nach der Rückkehr mit der CARPATHIA in New York von ihrem Mann in Empfang genommen.

Zur Erinnerung an das Überleben seiner Familie gravierte Vater William Coutts ein Medaillon mit den Namen der beiden Söhne und dem Datum des Untergangs, welches das Fotos seiner Frau Minnie und seiner Söhne enthält. Dieses Medaillon befindet sich noch heute im Besitz der Familie.

Nachdem die Familie wieder glücklich vereint war, ließ sie sich in Dormont, Pennsylvania, nieder und lebte dort in der 2615 Ocean Avenue.

Der ältere Sohn, William, heiratete Alma Blanch Eiferd, die am 22. April 1912 in Pennsylvania geboren wurde. Zunächst wohnten die beiden ebenfalls in Dormont, zogen jedoch bald nach Pittsburgh, wo sie in den 1940er Jahren gemeldet waren.

William war eine Zeit lang Berufsmusiker und spielte Gitarre und Banjo im William Penn Theatre. Zusätzlich gab er Musikunterricht. Nach einigen Jahren wechselte er den Beruf und wurde Manager beim Household Finance Corps, bevor er als Kreditmanager bei der Firma Rubber Products Co. in Pittsburgh tätig war. In dieser Zeit erlebte er sechs Vorfälle, bei denen er mit einer Waffe bedroht wurde.

William und Alma hatten zwei Töchter: Fay Alma (1930–1997) und Barbara (geboren 1932). William war außerdem Mitglied einer Freimaurerloge. Seine Frau Alma starb am 19. August 1956 unerwartet im Alter von 44 Jahren, was William zum Witwer machte.

Am 25. Dezember 1957 wurde William Coutts tot auf der South Water Street in Steubenville, Ohio, aufgefunden. Sein Auto stand in der gleichen Straße. William war im Alter von 55 Jahren an einem Schlaganfall gestorben und wurde auf dem Sunset View Cemetery in Pittsburgh beigesetzt.

Sein jüngerer Bruder, Neville, lebte 1930 noch bei seinen Eltern in Dormont, Pennsylvania, und arbeitete als Stahlarbeiter.

Am 18. Juli 1941 heiratete Neville Edna Mary Jordan, die am 4. Juni 1910 in Pennsylvania geboren wurde. Das Paar blieb kinderlos.

Später arbeitete Neville als Aktien- und Anleihenverkäufer in New York City und besaß ein Haus in Maplewood, New Jersey. In den letzten Lebensjahren seiner Mutter Minnie kümmerte er sich um sie.

1958 gehörte Neville zu den wenigen Überlebenden der TITANIC, die zur Premiere des Films „A Night to Remember" in Manhattan eingeladen waren.

Minnie Coutts, die Mutter der beiden Brüder, wurde 1956 Witwe und zog zu Neville. Im Jahr 1957 gab sie noch einige Interviews über ihre Erlebnisse auf der

TITANIC. Minnie starb am 29. Februar 1960 im Alter von 84 Jahren im Haus ihres Sohnes.

Neville und seine Frau Edna verbrachten ihren Lebensabend in Florida. Er verstarb am 29. März 1977 im Alter von 68 Jahren in Islamorada, Plantation Key. Damit war er der letzte der drei Coutts-Familienmitglieder, die das TITANIC-Unglück überlebt hatten.

DANKSAGUNGEN

Am Ende meines fünften TITANIC-Buches möchte ich die Gelegenheit nutzen, einigen wichtigen Menschen zu danken, ohne deren Unterstützung dieses und auch meine vorherigen Bücher nicht hätten realisiert werden können:

Meiner Frau Yvonne danke ich für die jahrelange Unterstützung meiner TITANIC-Leidenschaft.

Mein Dank geht an meine Lektorin Anka Schlayer für ihre große Geduld, ihre zahlreichen Anregungen sowie ihre fortwährende Unterstützung ohne die dieses Buch nicht möglich gewesen wäre.

Ferner danke ich der British Titanic Society für ihre großartige Unterstützung und tatkräftige Hilfe bei der Erforschung der Geschichte von Leo Zimmermann und August Wennerström.

Ein großer Dank geht an David Oliveira für das wunderbare Cover des Buches.

EMPFEHLENSWERTE LITERATUR ZUM THEMA TITANIC

Walter Lord
Die letzte Nacht der Titanic
ISBN-13: 9783596192694

David Haisman
TITANIC – The Edith Brown Story
ISBN: 978-1-4389-6182-8

Donald Lynch, Ken Marshall
Die letzten Geheimnisse der "TITANIC"

Susan Wels
TITANIC – Schicksal&Vermächtnis des Ozeanriesen
ISBN 3 -8289-0328-2

James Cameron
Mission TITANIC
ISBN: 978-3667102393

Malte Fiebing
TITANIC (1943): Die Nazis und das berühmteste Schiff der Welt
ISBN: 978-3844810585

Lawrence Beesley
Tragödie der Titanic
ISBN: 9783782206976

Jens Ostrowski
Die TITANIC war ihr Schicksal
ISBN: 978-3-00-066803-6

Simon Medhurst
TITANIC Day by Day (366 Days with the TITANIC)
ISBN: 978 139901 143 3

Bill Wormstedt, J. Kent Layton, Tad Fitch
On a sea of glass: The life&loss of the RMS Titanic
ISBN: 978-1445647012

Bill Willard
Our Story
ISBN 978-1-60495-041-0

TITANIC SOCIETIES UND WEBSEITEN

British Titanic Society

https://www.britishtitanicsociety.com

Deutscher Titanic-Verein von 1997 e.V

https://www.titanicverein.de

Belfast Titanic Society

http://www.belfast-titanic.com

Titanic Verein Schweiz

https://titanicverein.ch

Titanic Historical Society

https://titanichistoricalsociety.org

Titanic Connections

https://www.titanicconnections.com

Titanic – Das Ende einer Illusion

Der legendäre Luxusliner RMS TITANIC versank am 15.April 1912 um 2.20 Uhr im eisigen Nordatlantik und riss über 1500 Menschen in den Tod. Dieses Buch erzählt die vollständige Geschichte der TITANIC, beginnend bei ihrem Bau, der Jungfernfahrt mit der folgenschweren Kollision mit einem Eisberg bis hin zur Entdeckung des Wracks in knapp 4000 Metern Tiefe.

ISBN 978-3-8423-5034-2, Hardcover, 252 Seiten

Schicksal Titanic

Der Untergang der TITANIC war für die Überlebenden der Tragödie ein schweres Trauma. Dieses Buch erzählt die Geschichten der Überlebenden und zeigt, wie eines der größten Schiffsunglücke aller Zeiten von den Betroffenen selbst erlebt wurde.

ISBN 978-3757813321, 218 Seiten

Der zweite Untergang der TITANIC

Seit dem tragischen Untergang der TITANIC am 15.April 1912 sind über einhundert Jahre vergangen. Doch zur Ruhe scheint das legendäre Schiff nicht zu kommen. Viele Fragen sind noch immer offen. Wer fand das Wrack der TITANIC wirklich? Was hat es mit dem offenen Brief an Robert Ballard auf sich? Wie geht es mit den geborgenen Artefakten weiter? Dieses Buch versucht Antworten auf diese Fragen zu finden und wagt auch einen Ausblick in die Zukunft.

ISBN 978-3735794062, 128 Seiten

TITANIC – Chronologie einer Katastrophe

Dieses Buch erzählt die Geschichte der TITANIC beginnend mit ihrer Planung und Fertigstellung im irischen Belfast bis zum Auslaufen in Southampton. Der Verfasser des Buches zeigt auch die Ungereimtheiten auf, die sich um die Kollision der TITANIC mit dem Eisberg ranken und beschreibt, was nach Stand der TITANIC-Forschung in den letzten Stunden vor dem Untergang geschehen ist. Auch auf die vielen tragischen Schicksale der Tragödie wird ausführlich eingegangen sowie die späteren Sündenböcke der Katastrophe näher beleuchtet.

ISBN 978-3748141471, 396 Seiten